ÉTONNANTS • CLASSIQUES

Catalogue 2017

ÉTONNANTiss!mes

SOMMAIRE

LYCÉE

2nde / 1re

LYCÉE PRO

ÉTONNANTiss!mes

Symboles utilisés dans le catalogue :

Cahier photos Fiche pédagogique Petit prix Un livre, un film

N. B. : les tarifs sont donnés à titre indicatif et sont susceptibles de subir des modifications.

« Des profs vous font partager leurs coups de cœur !

Face à la richesse de l'offre et à la multiplicité des titres susceptibles d'être prescrits, il n'est pas toujours aisé de faire un choix. Comment donner aux élèves **le goût de la lecture** tout en les initiant aux **œuvres patrimoniales** ? Quels titres sauront les **captiver** et permettront l'**acquisition des compétences** attendues ? Autant de questions déterminantes dans la réussite d'une programmation. Dans ce catalogue, notre équipe de professeurs partage avec vous ses **coups de cœur** et sa sélection spéciale pour les Nouveaux Programmes du collège. Étudier les *Contes* de Perrault aujourd'hui, une gageure ? Pas vraiment ! L'introduction de la science-fiction dans les programmes de 3e ? Une chance !

Sont ainsi préconisés **des textes courts en lecture intégrale**. Plusieurs **recueils inédits** de nouvelles intègrent le catalogue en 2017 :

5e
> ***Péril sur Terre, 5 nouvelles sur la nature***
(Jack London, Roald Dahl, Sylvain Tesson...)

4e
> ***Une amazone*** suivi de ***Marie*** (Dumas)

3e
> ***Rêver le progrès, 5 nouvelles d'anticipation***
(Isaac Asimov, Ray Bradbury, Fabrice Colin...)

> ***Si je ne revenais pas, 5 récits d'amour et de guerre***
(E. Carrère, Ph. Claudel, E. Maria Remarque, I. Némirovsky, É.-E. Schmitt)

Au lycée, en 2nde, trois contes et nouvelles signés Mme du Châtelet, Voltaire et Saint-Lambert exposent ***L'Art d'être heureux*** et de bien argumenter. Et, pour les 1res, ***Le Barbier de Séville*** de Beaumarchais mais aussi ***Les Amours*** de Ronsard font leur entrée au catalogue.

Enfin, un **événement dans la collection** : la publication de ***Ceux qui avaient choisi***, la pièce poignante de la résistante **Charlotte Delbo**. Certains d'entre vous la connaissaient déjà, d'autres l'ont découverte lors du brevet en 2014. Quoi qu'il en soit, son témoignage sur la Seconde Guerre mondiale résonne encore avec force aujourd'hui.

Nous restons, comme toujours, à l'écoute de vos commentaires, qui nous sont précieux.

Tiphaine Pelé et Anne-Laure Mercier

Nouveaux Programmes : les coups de cœur des professeurs

6^{e}

Julie Camusso, enseignante à Valbonne Sophia Antipolis (06)

« Les Contes *de Perrault continuent de plaire et d'instruire ! Parce qu'elle fascine et intrigue, la figure du monstre ne laisse pas d'interroger les collégiens. »*

NOUVELLE ÉDITION

▶ p. 15

NOUVELLE ÉDITION

▶ p. 14

NOUVELLE ÉDITION

▶ p. 15

5e

Patrice Kleff,
enseignant
à Verberie (60)

« Un recueil qui interroge notre place sur Terre et éveille les élèves à la pensée critique. Les collégiens sont souvent des philosophes qui s'ignorent ! »

▶ p. 29

NOUVELLE ÉDITION

▶ p. 23

4e

Florian Lepetit,
enseignant
au Havre (76)

« Cyrano *est loin d'être une œuvre convenue : elle est très efficace pour explorer la thématique "Dire l'amour". »*

▶ p. 30

NOUVELLE ÉDITION

NOUVELLE ÉDITION EN AOÛT

▶ p. 32

Florence Renner,
enseignante
à Meudon (92)

« Sur le réalisme, j'ai préféré donner à lire ces deux nouvelles palpitantes de Dumas, pour changer de Maupassant. »

▶ p. 34

3e

Claire Joubaire,
enseignante
à Saint-Denis (93)

« Une pièce saisissante sur la mémoire de la Seconde Guerre mondiale. »

▶ p. 49

Isabelle Périer,
enseignante
à Argenteuil (95)

« La science-fiction a le vent en poupe ! Mes élèves ont apprécié de pouvoir concilier lecture scolaire et goût personnel. »

▶ p. 54

▶ p. 53

NOUVELLE ÉDITION

▶ p. 51

UN LIVRE, UN FILM

Une rubrique plébiscitée par les professeurs !

Dans toutes nos nouvelles éditions, la rubrique **« Un livre, un film »** permet d'aborder **une œuvre cinématographique** pour prolonger l'étude du texte littéraire. Tous les corrigés sont disponibles sur le site **www.etonnantsclassiques.fr**.

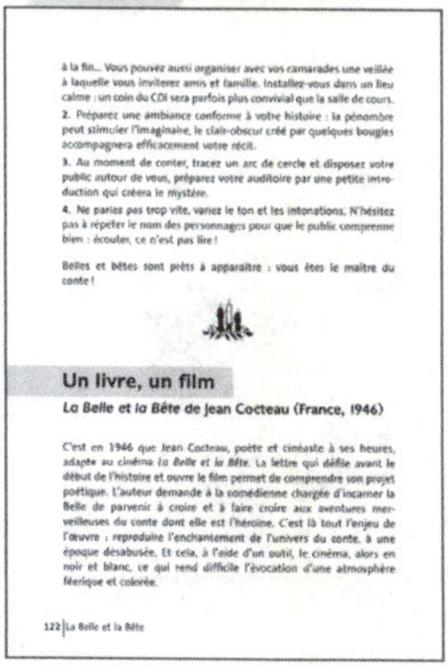

à la fin... Vous pouvez aussi organiser avec vos camarades une veillée à laquelle vous inviterez amis et famille. Installez-vous dans un lieu calme : un coin du CDI sera parfois plus convivial que la salle de cours.

2. Préparez une ambiance conforme à votre histoire : la pénombre peut stimuler l'imaginaire, le clair-obscur créé par quelques bougies accompagnera efficacement votre récit.

3. Au moment de conter, tracez un arc de cercle et disposez votre public autour de vous, préparez votre auditoire par une petite introduction qui créera le mystère.

4. Ne parlez pas trop vite, variez le ton et les intonations. N'hésitez pas à répéter le nom des personnages pour que le public comprenne bien : écouter, ce n'est pas lire !

Belles et bêtes sont prêts à apparaître : vous êtes le maître du conte !

Un livre, un film

***La Belle et la Bête* de Jean Cocteau (France, 1946)**

C'est en 1946 que Jean Cocteau, poète et cinéaste à ses heures, adapte au cinéma *La Belle et la Bête*. La lettre qui défile avant le début de l'histoire et ouvre le film permet de comprendre son projet poétique. L'auteur demande à la comédienne chargée d'incarner la Belle de parvenir à croire et à faire croire aux aventures merveilleuses du conte dont elle est l'héroïne. C'est là tout l'enjeu de l'œuvre : reproduire l'enchantement de l'univers du conte, à une époque désabusée. Et cela, à l'aide d'un outil, le cinéma, alors en noir et blanc, ce qui rend difficile l'évocation d'une atmosphère féerique et colorée.

122 | La Belle et la Bête

Lucie Szechter, contributrice cinéma

« Alors qu'ils sont submergés d'images, les élèves n'ont pas toujours les outils pour les analyser. La rubrique "Un livre, un film" permet de créer des ponts entre la littérature et le cinéma pour mieux comprendre ce que les œuvres nous disent, d'hier à aujourd'hui. »

Des classiques revisités au lycée

Théâtre

couverture provisoire

▶ p. 66

NOUVELLE ÉDITION

▶ p. 66

▶ p. 69

NOUVELLE ÉDITION

▶ p. 71

NOUVELLE ÉDITION EN AOÛT

▶ p. 69

Argumentation

▶ p. 72

NOUVELLE ÉDITION EN AOÛT

▶ p. 75

Poésie

▶ p. 64

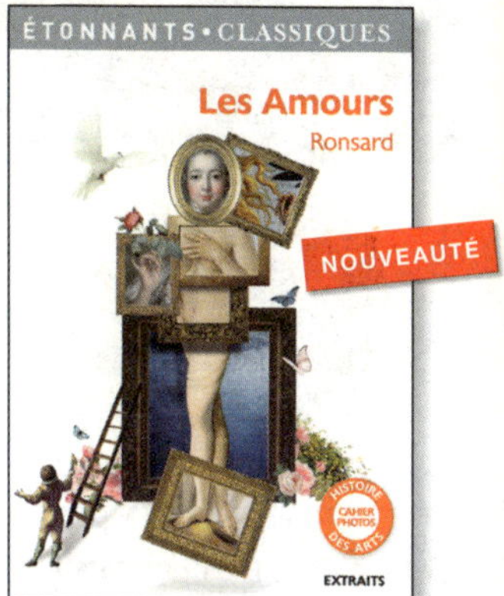

▶ p. 65

Récit

▶ p. 58

NOUVELLE ÉDITION EN AOÛT

▶ p. 60

NOUVELLE ÉDITION EN AOÛT

▶ p. 57

Notre offre d'achats groupés (réservée aux professeurs de français et documentalistes de collège et de lycée jusqu'au 31 mars 2018)

Pour équiper ma classe ou mon CDI, je commande un même titre de la collection « Étonnants Classiques » par tranche de 20, 25 ou 30 exemplaires, et je bénéficie de volumes gratuits de cet ouvrage : **4 pour 20 achetés**, **5 pour 25** et **6 pour 30**. Je complète le bon ci-dessous, en me reportant au catalogue.

ISBN	Auteur	Titre	Quantité commandée	Exemplaires offerts • 4 pour 20 achetés • 5 pour 25 achetés • 6 pour 30 achetés	Quantité à livrer	Quantité facturée	Prix unitaire TTC	TOTAL
Ex: 9782081375475	Molière	Le Bourgeois gentilhomme	25	+ 5	30	25	2,80 €	70 €

Partie à compléter par l'établissement

Nom de l'établissement ....

Mme / Mlle / M. Nom .... Prénom ....

Adresse de l'établissement ....

.... Courriel du CDI ....

Cachet de l'établissement (obligatoire)

CE BON DE COMMANDE EST À RENVOYER par le libraire à DILICOM (en précisant le code ECENS afin de pouvoir déclencher l'envoi des exemplaires gratuits) ou à l'adresse suivante :

U.D.-Union Distribution

BP 10 403 – 94 152 Rungis Cedex

Tél : 01 41 80 20 20 - Fax : 01 41 80 20 63

N° de compte du libraire : ....

Date : / / (Offre valable jusqu'au 31/03/2018)

Cachet du libraire (obligatoire)

ÉTONNANTS • CLASSIQUES
ÉTONNANTS • CLASSIQUES
Rêver le progrès
5 nouvelles d'anticipation
NOUVEAUX PROGRAMMES
CAHIER PHOTOS
TEXTE INTÉGRAL
LE MEILLEUR
DE LA LITTÉRATURE
POUR L'ÉTUDE
EN CLASSE

COLLÈGE

6e

Le monstre, aux limites de l'humain

CONTES DE SORCIÈRES • NOUVELLE ÉDITION •

(Afanassiev, Bernard Clavel, Roald Dahl, Bernard Friot, Grimm, Pierre Gripari, Amadou Hampâté Bâ, Homère, Édith Montelle, Ovide, Rabelais)

Des légendes antiques aux contes de France et d'ailleurs, le recueil permet d'explorer les différentes représentations de la sorcière et ses nombreux attributs, ainsi que les émotions fortes qu'elle suscite.

- Dossier : questionnaires de lecture ; vocabulaire ; sorcières sur le Web (éducation aux médias et à l'information) ; un livre, un film : à la découverte de *Stardust* de M. Vaughn
- Cahier photos spécial Histoire des arts

Édition de Sébastien Foissier, mise à jour par Stéphane Després. Anthologie • 3,50 € • 160 p. • 9782081404397

HOMÈRE

L'Iliade

- Une sélection d'extraits dans le respect de l'œuvre originale
- Un glossaire consacré à la mythologie grecque
- Dossier : parcours de lecture dans l'œuvre ; étude des spécificités du récit épique (répétition, comparaisons homériques, composantes du duel) ; approche du grec dans l'étymologie des mots français

Édition de Christine Garcia. Extraits • 3,30 € • 160 p. • 9782081363427

L'Odyssée

- Une sélection d'extraits dans le respect de l'œuvre originale
- Dossier : parcours de lecture dans l'œuvre ; la structure du récit ; les spécificités de la poésie épique ; approche du grec dans l'étymologie des mots français
- Cahier photos spécial Histoire des arts : le trajet d'Ulysse ; la représentation d'Ulysse et Pénélope à travers les siècles ; les scènes emblématiques de *L'Odyssée* dans les arts (céramique grecque, Gustave Moreau, William Turner, Pablo Picasso) ; *L'Odyssée* au cinéma

Édition de Christine Garcia. Extraits • 2,80 € • 160 p. • 9782081282100

Lecture cursive (ÉTONNANTISSIMES) en lien avec ce titre : *La Dernière Odyssée*, p. 85

LE MONSTRE AUX LIMITES DE L'HUMAIN

(La Baba Yaga. La Barbe Bleue. La Belle et la Bête. Frankenstein. Les Métamorphoses. Notre-Dame de Paris. L'Odyssée. Le Petit Poucet. Sindbad le Marin. La Tarasque. Tristan et Iseut)

L'anthologie s'organise autour de trois axes – aux sources du monstre : le monstre antique, une menace pour l'humanité ; affrontements avec le monstre : un adversaire redoutable ; le monstre, un autre moi ?

- Dossier : parcours de lecture dans les textes ; groupements de textes ; un livre, un film : à la découverte d'*Elephant Man* de David Lynch
- Cahier photos spécial Histoire des arts : le monstre en peinture, en sculpture, en film d'animation…

Édition de Cécile Cornut-Gentile. Anthologie • 3,70 € • 160 p. • 9782081385184

LEPRINCE DE BEAUMONT

La Belle et la Bête • NOUVELLE ÉDITION •

(La Belle et la Bête. Courbasset, petit corbeau. L'Homme-poulain. Le Loup blanc)

Quatre contes de métamorphose parmi lesquels la célèbre histoire de la jeune fille offerte à un monstre qui se transforme en prince charmant.

- Dossier : parcours de lecture dans « La Belle et la Bête » ; aux sources antiques du conte (*Les Métamorphoses* d'Ovide) ; activités d'écriture ; monstres sur le Web (éducation aux médias et à l'information) ; un livre, un film : à la découverte de *La Belle et la Bête*, de Jean Cocteau
- Cahier photos spécial Histoire des arts

Édition révisée d'Anne Bervas-Leroux. Texte intégral • 2,80 € • 128 p. • 9782081375468

OVIDE

Les Métamorphoses

- Dossier : étude de la scène de métamorphose ; approche de la mythologie grecque et romaine ; le motif de la transformation (de Pétrone à Julio Cortázar) ; la postérité d'Ovide (Shakespeare, Laforgue, Shaw et Queneau)

Édition de Sabine Roy-Herquin. Extraits • 2,80 € • 128 p. • 9782081314863

PERRAULT

Contes • NOUVELLE ÉDITION •

(La Belle au bois dormant. Le Petit Chaperon rouge. La Barbe bleue. Le Maître Chat ou le Chat botté. Les Fées. Cendrillon ou la Petite Pantoufle de verre. Riquet à la houppe. Le Petit Poucet)

- Avec les gravures de Gustave Doré
- Dossier : lectures croisées ; le monstre dans les *Contes* ; groupement de textes complémentaires (« les lieux merveilleux ») ; Contes 2.0 (éducation aux médias et à l'information) ; un livre, un film
- Cahier photos spécial Histoire des arts : les monstres en images

Édition de Fabrice Fajeau, mise à jour par Julie Camusso. Texte intégral • 2,80 € • 160 p. • 9782081408623

Lectures cursives (ÉTONNANTISSIMES) en lien avec ce titre : *Marie des grenouilles* et *Le Petit Chaperon Uf*, p. 86, *La Reine de Patagonie et son caniche*, p. 87

Récits d'aventures

AVENTURES DU BARON DE MÜNCHHAUSEN

Dans ce grand classique de la littérature populaire allemande, le baron de Münchhausen, fanfaron et conteur d'exception, voyage par monts et par vaux et revient de ses périples avec les histoires les plus extravagantes.

- Dossier : parcours de lecture dans le roman ; groupements de textes (« les figures du héros », « la célébration du voyage », « les rôles du voyage imaginaire ») ; un livre, un film : à la découverte de l'adaptation de Terry Gilliam
- Cahier photos spécial Histoire des arts : les épisodes clés du récit et ses nombreuses influences ; les illustrations de Gustave Doré ; l'adaptation de Terry Gilliam

Édition de Fabien Clavel. Texte intégral • 4,30 € • 192 p. • 9782081289710

DEFOE

Robinson Crusoé

Édition de Sébastien Foissier. Extraits • 3,80 € • 224 p. • 9782081308152

DUMAS

Robin des Bois

- Dossier : parcours de lecture dans l'œuvre ; groupement de textes (« le type littéraire du chevalier furieux »)
- Cahier photos spécial Histoire des arts

Édition de Stéphane Després. Extraits • 4,30 € • 256 p. • 9782081249752

LEBLANC

L'Aiguille creuse

- Dossier : parcours de lecture dans l'œuvre ; le personnage d'Arsène Lupin ; aventuriers et enquêteurs dans la littérature (Sherlock Holmes, le capitaine Nemo, Long John Silver…)
- Cahier photos spécial Histoire des arts : sur la piste d'Arsène Lupin ; les lieux du roman ; le trésor des rois de France (Léonard de Vinci, Titien, Raphaël) ; adaptations à l'écran de Jacques Becker (1956), Jacques Nahum (1971-1974 et 1995-1996) et Jean-Paul Salomé (2004)

Édition de Fabien Clavel. Texte intégral • 3,70 € • 288 p. • 9782081275621

Lecture cursive (ÉTONNANTISSIMES) en lien avec ce titre : *Le Petit Vieux des Batignolles*, p. 86

LEROUX

Le Mystère de la chambre Jaune

Qui a tenté d'assassiner Mathilde, la fille du célèbre professeur Stangerson, et, surtout, comment l'agresseur a-t-il pu s'enfuir d'une chambre fermée de l'intérieur, aux fenêtres closes et sans cheminée ? Rouletabille mène l'enquête.
Du roman à l'adaptation cinématographique de Bruno Podalydès (2003) : l'édition contient un cahier photos, une séquence du scénario et une interview du réalisateur.
Édition de Jean-Philippe Marty. Texte intégral • 5 € • 352 p. • 9782081201316

Le Parfum de la dame en noir

Après les terribles épisodes du *Mystère de la chambre Jaune*, le mariage de Mathilde Stangerson et de Robert Darzac peut enfin avoir lieu. Mais Larsan, le grand criminel et premier époux de Mathilde, que l'on pensait mort, resurgit ! Le couple appelle Rouletabille à l'aide…
Du roman à l'adaptation cinématographique de Bruno Podalydès (2005) : l'édition contient un cahier photos, une séquence du scénario et une interview du réalisateur.
Édition de Jean-Philippe Marty. Texte intégral • 5 € • 384 p. • 9782080722027

Récits de création ; création poétique

APULÉE

Amour et Psyché

Conte merveilleux sur fond de culture gréco-romaine qui inspira bien des histoires d'amour de la littérature : de Tristan et Iseut à *Roméo et Juliette*, en passant par *La Belle et la Bête* et *Cendrillon*.
Édition de Claudine Sharp. Texte intégral • 3 € • 96 p. • 9782081379503

HOMÈRE

L'Iliade

Voir p. 14

L'Odyssée

Voir p. 14

OVIDE

Les Métamorphoses

Voir p. 15

POÉSIE, J'ÉCRIS TON NOM

Introduction à la poésie

(Apollinaire, Baudelaire, Du Bellay, Brassens, Andrée Chedid, Desnos, La Fontaine, Louise Labé, Laforgue, Perec, Prévert, Queneau, Rimbaud, Rutebeuf)

L'anthologie réunit une quarantaine de textes, du Moyen Âge à nos jours, autour de plusieurs groupements thématiques (le bestiaire, les saisons, l'amour et l'amitié, le temps qui passe, l'invitation au voyage) permettant une initiation progressive à la poésie, à ses motifs, à ses ressources et à ses formes.

• Des encadrés synthétiques au fil du recueil pour assimiler pas à pas la versification
• Dossier : questionnaires de lecture ; exercices de diction et d'écriture ; petit traité de versification
• Cahier photos spécial Histoire des arts : Orphée, une figure de poète dans la mythologie ; représentations du poète et de l'inspiration poétique ; les *Fables* de La Fontaine illustrées ; la poésie à la frontière des mots et de l'image

Édition de Manuelle Duszynski. Anthologie • 3,30 € • 128 p. • 9782081336575

LES TEXTES FONDATEURS

SITE COMPAGNON

(Bible. Bibliothèque d'Apollodore. L'Énéide. Gilgamesh. L'Iliade. Les Métamorphoses. L'Odyssée)

• Les textes majeurs de l'Antiquité orientale et de l'Antiquité gréco-romaine dans des versions accessibles aux jeunes lecteurs
• Cahier photos spécial Histoire des arts : une dizaine d'œuvres d'art d'époques variées qui rendent compte de l'influence des textes fondateurs sur les artistes
• Site compagnon : www.textesfondateurs.flammarion.com (code d'accès : 2009) dédié à la lecture de l'image, permettant aux élèves de travailler en autonomie, pour apprendre à identifier des types d'œuvres, étudier leur composition, reconnaître leur sujet et apprécier l'esthétique d'un artiste

Édition de Christian Keime. Anthologie • 3,20 € • 192 p. • 9782081314856

Lecture cursive (ÉTONNANTISSIMES) en lien avec ce titre : *La Dernière Odyssée*, p. 85

TITE-LIVE

La Fondation de Rome

• Extraits des *Vies parallèles* de Plutarque (« Vie de Romulus »)
• Dossier-jeu ; des exercices pour s'initier au latin

Édition de Christine Garcia. Extraits • 3,60 € • 128 p. • 9782081205604

VIRGILE

L'Énéide

• Une sélection d'extraits dans le respect de l'œuvre originale
• Dossier : parcours de lecture dans l'œuvre ; la structure du récit ; le merveilleux dans l'épopée ; initiation à la légende et à l'histoire de Rome ; initiation au latin

Édition de Christine Garcia. Extraits • 3,30 € • 192 p. • 9782081214927

Résister au plus fort : ruses, mensonges et masques

FABLIAUX DU MOYEN ÂGE

11 histoires de ruses

Voleurs de choux, prêtres cupides et femmes volages, les personnages de fabliaux déploient des trésors d'ingéniosité et de ruse pour parvenir à leurs fins. Les récits réunis dans ce volume offrent de croustillants aperçus de la vie quotidienne au Moyen Âge où le rire n'est jamais loin.

- Dossier : parcours de lecture dans les fabliaux ; groupements de textes (« le pouvoir des femmes », « le trompeur trompé ») ; encarts culturels ; un livre, un film : à la découverte de *Fantastic Mr. Fox*, de Wes Anderson
- Cahier photos spécial Histoire des arts

Édition d'Alexandre Micha, mise à jour par Aurane Anne. Texte intégral • 2,80 € • 128 p. • 9782081386297

LA FARCE DE MAÎTRE PATHELIN

- Dossier : parcours de lecture dans l'œuvre ; le travail de mise en scène (acteurs, costumes, décors)
- Cahier photos spécial Histoire des arts

Édition de Véronique Rousse. Texte intégral • 2,80 € • 128 p. • 9782081308190

LA FARCE DU CUVIER ET AUTRES FARCES DU MOYEN AGE • NOUVELLE ÉDITION •

(La Farce du Cuvier. Jenin, fils de rien. Le Bateleur)

Trois tableaux de la vie quotidienne au Moyen Âge, pleins de vie, de ruses et d'éclats de rire.

- Dossier : microlectures ; exercices de vocabulaire ; la farce 2.0 (éducation aux médias et à l'information) ; un livre, un film : à la découverte de *La Folie des grandeurs*, de Gérard Oury
- Cahier photos spécial Histoire des arts

Édition révisée de Magali Wiéner. Texte intégral • 3 € • 96 p. • 9782081404403

LA FONTAINE

Le Corbeau et le Renard et autres fables

Organisée en six groupements thématiques, l'édition réunit les fables les plus célèbres de La Fontaine.

• Édition richement illustrée (Gustave Doré, Grandville, Benjamin Rabier, Jean-Baptiste Oudry…)

• Dossier : parcours de lecture dans les textes (étude des moralités et de la versification) ; héritage antique des *Fables* (Ésope, Phèdre) ; modernité d'une œuvre sans cesse récrite (Robert Desnos, Raymond Queneau, Jacques Roubaud, Gudule)

Édition de Sarah Gabillet. Choix de fables • 2,80 € • 128 p. • 9782081366381

Lecture cursive (ÉTONNANTISSIMES) en lien avec ce titre : *La Reine de Patagonie et son caniche*, p. 87

MOLIÈRE

L'Amour médecin. Le Sicilien ou l'Amour peintre

• Dossier : parcours de lecture dans l'œuvre, groupements de textes (« la satire de la médecine », « valets et servantes dans les comédies de Molière ») ; étude de la comédie-ballet, un spectacle « total » ; confrontation de la mise en scène des pièces à l'époque de Molière et aujourd'hui

• Cahier photos spécial Histoire des arts : Molière, dramaturge, comédien et courtisan ; aux sources de la comédie-ballet ; les médecins de Molière ; exotisme et spectacle – les turqueries ; réinventer Molière

Édition de Claire Joubaire. Texte intégral • 2,90 € • 160 p. • 9782081357778

Les Fourberies de Scapin

• Dossier : parcours de lecture dans l'œuvre ; groupements de textes (« les métamorphoses de Scapin », « l'art de la ruse à travers les genres et les siècles ») ; Molière 2.0 ; un livre, un film : à la découverte de *Man on the Moon*, de Miloš Forman

• Cahier photos spécial Histoire des arts : aux origines des *Fourberies de Scapin* ; les *Fourberies* et la *commedia dell'arte* ; décors et costumes à la Comédie-Française ; les interprétations de Scapin

Édition de Claire Joubaire, mise à jour par Julie Camusso. Texte intégral • 2,80 € • 160 p. • 9782081386761

Le Médecin malgré lui

• Dossier : parcours de lecture dans l'œuvre ; les ressorts du comique ; groupements de textes (« résister au plus fort : ruses, mensonges et masques », « trois scènes de Molière récrites par Dario Fo pour la Comédie-Française, 1990 ») ; un livre, un film : à la découverte de *Certains l'aiment chaud*, de Billy Wilder

• Cahier photos spécial Histoire des arts : la comédie, une tradition de masques ; représentations de la médecine ; rusés célèbres de la littérature

Édition de Claire Joubaire, mise à jour par Sarah Gaudefroy. Texte intégral • 2,80 € • 128 p. • 9782081386747

Lecture cursive (ÉTONNANTISSIMES) en lien avec ce titre : *Le Comédien malgré lui*, p. 88

Le Médecin volant. La Jalousie du Barbouillé

Mari cocufié, valet fripon, médecin pédant… Deux courtes pièces qui mettent en scène les plus grands rôles du théâtre de Molière.

• Dossier : parcours de lecture dans l'œuvre ; étude de la satire de la médecine dans les comédies de Molière ; morceaux choisis des Carnets de mise en scène de Dario Fo pour la représentation du *Médecin volant* à la Comédie-Française (1990)

Édition de Dominique Lanni. Texte intégral • 2,90 € • 128 p. • 9782081331594

QUATRE COURTES PIÈCES POUR UNE INITIATION AU THÉÂTRE

(Gripari, Jean-Claude Grumberg, Jean-Michel Rabeux, Tardieu)

Quatre courtes pièces qui détournent des contes connus des élèves et s'appuient sur la parabole pour questionner le monde dans lequel nous vivons. Le volume contient : *Pour l'annonce*, de Gripari, *L'Île des Lents* et *L'Île des Vifs*, de Tardieu, *Peau d'Âne*, de Jean-Michel Rabeux, et une scène d'*Iq et Ox*, de Jean-Claude Grumberg.

• Dossier : jeux avec le lexique théâtral ; les métiers du théâtre ; les conseils au comédien ; questions de compréhension ; textes complémentaires (*Le Petit Chaperon rouge*, de Joël Pommerat, et *Le Petit Chaperon Uf*, de Jean-Claude Grumberg)

• Cahier photos spécial Histoire des arts : les lieux de la représentation, de l'Antiquité à nos jours ; les représentations du *Petit Chaperon rouge* ; *Peau d'Âne* sur scène ; les costumes au théâtre

Édition de Rafaëlle Jolivet-Pignon. Anthologie • 4,20 € • 128 p. • 9782081347885

Lectures cursives (ÉTONNANTISSIMES) en lien avec ce titre : *Marie des grenouilles* et *Le Petit Chaperon Uf*, p. 86

LE ROMAN DE RENART

• Dossier : parcours de lecture dans l'œuvre ; autres textes sur la ruse ; *Le Roman de Renart* en version originale ; éducation aux médias ; un livre, un film : à la découverte de *Fantastic Mr. Fox*, de Wes Anderson

• Cahier photos spécial Histoire des arts : des animaux pour critiquer les défauts des hommes ; bestiaire du Moyen Âge ; la vie au Moyen Âge : les métiers de Renart

Édition de Christian Keime, mise à jour par Florence Renner. Extraits • 2,80 € • 192 p. • 9782081385696

Lecture cursive (ÉTONNANTISSIMES) en lien avec ce titre : *Les Aventures de Till l'Espiègle*, p. 84

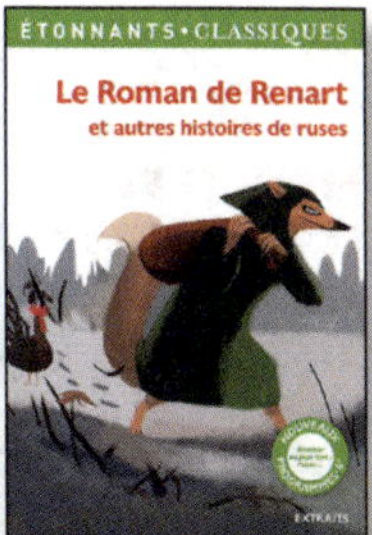

5e

Le voyage et l'aventure : pourquoi aller vers l'inconnu ?

AVENTURES DU BARON DE MÜNCHHAUSEN

Voir p. 16

HOBB (Robin)

Retour au pays

Un bateau vogue vers les Rivages Maudits avec, à son bord, des hommes et des femmes condamnés à l'exil. Leur destination : le désert des Pluies – un pays à la végétation monstrueuse, aux eaux corrosives et aux sols fangeux. Au cœur de l'aventure, une femme raconte. Des robinsonnades aux récits de civilisations perdues, le texte emprunte à plusieurs traditions littéraires pour bâtir, sous la forme d'un journal intime, une épopée fascinante.

Édition de Patrice Kleff. Texte intégral • 3,80 € • 160 p. • 9782081209589

LÉRY (Jean de)

Le Nouveau Monde

Récits de voyage 1

Le 20 novembre 1556, Jean de Léry quitte l'Europe pour le Brésil. Il découvre le Nouveau Monde et ses sauvages accueillants… mais anthropophages !

- Dossier : parcours de lecture dans l'œuvre ; groupements de textes (« le Brésil au XVIe siècle » ; « rêver et penser des êtres différents » ; « voyageurs d'hier et d'aujourd'hui ») ; éducation aux médias ; un livre, un film : à la découverte du *Sel de la terre*, de Juliano Ribeiro Salgado et Wim Wenders
- Cahier photos spécial Histoire des arts

Édition révisée de Caroline Trotot. Extraits du *Voyage au Brésil* de Jean de Léry • 2,80 € • 128 p. • 9782081386280

LONDON (Jack)

L'Appel de la forêt

- Cahier photos spécial Histoire des arts : la ruée vers l'or (documents d'archives et affiche du film de Charlie Chaplin, 1925)

Édition de Patrice Kleff. Texte intégral • 3,80 € • 160 p. • 9782081314771

Lecture cursive (ÉTONNANTISSIMES) en lien avec ce titre : *Mission de confiance et autres aventures du Grand Nord*, p. 86

MARCO POLO

Les Merveilles de l'Orient

Récits de voyage 2

À la fin du XIIIe siècle, Marco Polo, un marchand vénitien, part pour la Chine. Son voyage à travers le continent asiatique dure vingt-cinq années, au cours desquelles il traverse de nombreuses contrées et observe les mœurs, parfois étranges, de leurs habitants…

Édition de Caroline Trotot. Extraits du *Livre de Marco Polo* • 3,30 € • 128 p. • 9782081342736

STEVENSON

L'Île au trésor

Édition de Sébastien Foissier. Texte intégral • 3,80 €• 256 p. • 9782081289826

VERNE

Un hivernage dans les glaces • NOUVELLE ÉDITION •

À Dunkerque, le vieux marin Jean Cornbutte et Marie guettent le retour de Louis, capitaine du brick *La Jeune Hardie*, en expédition au large de l'Islande. Pour l'un, c'est l'espoir de revoir son fils après une longue absence, pour l'autre celui de l'épouser ! Mais quand le brick entre au port, l'équipage apporte une terrible nouvelle : Louis a disparu en mer. Jean Cornbutte lance alors une expédition pour retrouver son fils. Jules Verne réunit dans le décor du Grand Nord tous les ingrédients du récit d'aventures : nature hostile, voyage périlleux, mutinerie, amour et trahison !

- Dossier : groupement de textes sur le récit d'aventures ; la fonte des glaces (éducation aux médias et à l'information) ; un livre, un film : à la découverte de *Tout en haut du monde*, de Rémi Chayé
- Cahier photos spécial Histoire des arts

Édition révisée de Patrice Kleff. Texte intégral • 3,50 € • 160 p. • 9782081409392

Le Tour du monde en 80 jours

Édition de Patrice Kleff. Texte intégral • 4,40 € • 288 p. • 9782081214170

Avec autrui : familles, amis, réseaux

CHEDID (Andrée)

L'Enfant des manèges et autres nouvelles

(La Chèvre du Liban. L'Enfant au réverbère. L'Enfant des manèges. L'Ancêtre sur son âne. Les Métamorphoses de Batine)

Cinq nouvelles qui célèbrent l'amour et la tolérance, dans lesquelles l'auteur évoque ses racines libanaises et son enfance égyptienne.

Édition de Françoise Métais. Texte intégral • 3,30 € • 96 p. • 9782081349346

DEUX COURTES PIÈCES AUTOUR DU MARIAGE

(Feydeau, Labiche)

L'édition réunit *Embrassons-nous Folleville !* et *Notre futur.*

• Cahier photos spécial Histoire des arts : le vaudeville au XIXe siècle ; William Hogarth, *Le Contrat de mariage* (1744) ; scènes muettes du mime Marceau

Édition de Laurence Marie. Texte intégral • 3,30 € • 160 p. • 9782080722447

MOLIÈRE

L'Avare

• Dossier : parcours de lecture dans l'œuvre ; l'argent au XVIIe siècle ; groupements de textes (« l'autorité paternelle et le mariage au XVIIe siècle », « argents ou sentiments : les conséquences de l'avarice sur les rapports familiaux ») ; Molière 2.0 ; un livre, un film : à la découverte du *Drôle de Noël de Scrooge*, de Robert Zemeckis

• Cahier photos spécial Histoire des arts : les théâtres de Molière ; *L'Avare* mis en scène ; le mariage arrangé ; l'or maudit

Édition de Christian Keime, mise à jour par Vanina Lebedev. Texte intégral • 2,80 € • 192 p. • 9782081386730

Le Bourgeois gentilhomme

• Dossier : parcours de lecture dans la pièce ; groupements de textes (« les gens de qualité et le culte du paraître », « Molière et ses influences ») ; mettre en scène *Le Bourgeois gentilhomme* ; Molière 2.0 ; un livre, un film : à la découverte de *Ridicule*, de Patrice Leconte

• Cahier photos spécial Histoire des arts : les vanités à travers les âges ; Monsieur Jourdain sur scène : entre vanité et légèreté

Édition de Claire Joubaire, mise à jour par Aurélien Belda. Texte intégral • 2,80 € • 192 p. • 9782081375475

George Dandin

Édition de Loïc Marcou. Texte intégral • 2,80 € • 160 p. • 9782081303102

Le Malade imaginaire

• Dossier : parcours de lecture dans l'œuvre ; les formes du comique ; groupement de textes (« la satire de la médecine au théâtre, du XVIIe siècle à nos jours »)

• Cahier photos spécial Histoire des arts : les médecins dans les gravures du XVIIe siècle ; les médecins de Molière dans les représentations du XXe siècle ; la mise en scène de Claude Stratz (2001) ; le Grand Divertissement de Versailles de 1674

Édition de Claire Joubaire. Texte intégral • 2,80 € • 192 p. • 9782081273139

Imaginer des univers nouveaux

ANDERSEN

La Petite Fille et les allumettes et autres contes

(La Petite Fille et les allumettes. La Princesse sur un pois. La Petite Poucette. La Petite Sirène. Les Habits neufs de l'empereur. L'Intrépide Soldat de plomb. Le Vilain Petit Canard. La Bergère et le Ramoneur. Les Amours d'un faux col)

Édition de Caecilia Pieri. Texte intégral • 2,80 € • 128 p. • 9782081331570

BAUM (L. Frank)

Le Magicien d'Oz

Édition de Jean-Philippe Taboulot. Texte intégral • 3,30 € • 192 p. • 9782081202856

BARRIE

Peter Pan

Édition de Caecilia Pieri. Extraits • 3,70 € • 192 p. • 9782081214453

CARROLL

Alice au pays des merveilles

Édition de Caecilia Pieri. Texte intégral • 3,80 € • 192 p. • 9782081366459

COLIN (Fabrice)

LECTURE RECOMMANDÉE PAR L'ÉDUCATION NATIONALE

Projet oXatan

Dans les années 2540, sur la planète Mars. Quatre adolescents vivent reclus dans une demeure appelée le « Bunker », située au fond d'un cratère et entourée d'un marais infesté d'alligators. Un jour, ils partent explorer le monde. Mais ce sont leurs origines qu'ils vont découvrir et, avec elles, la nature du Projet oXatan, inquiétante manipulation génétique dont ils sont le fruit !

Roman d'apprentissage, allégorie du passage de l'enfance à l'âge adulte, réflexion sur le progrès scientifique, *Projet oXatan* a reçu de nombreux prix de littérature jeunesse (prix des Incorruptibles, prix Gayant-lecture et 15e Livre d'or des jeunes lecteurs).

Édition de Sarah Gabillet. Texte intégral • 3,90 € • 224 p. • 9782081279094

COLLODI

Pinocchio

Édition de Caecilia Pieri. Extraits • 3,60 € •160 p. • 9782081208353

CRÉATURES MAGIQUES ET CONTES MERVEILLEUX

(Les Fées. Dame Trude. Le Cercueil de verre. L'Anneau magique. Outroupistache. Le Manoir de Coatbily. La Tarasque. Le Briquet. L'Oiseau phénix)

Fées, ogres, korrigans et autres créatures fabuleuses peuplent contes et légendes. D'un coup de baguette, d'un mot ou d'un geste, ils transforment le destin du personnage. Bienveillants, ils lui apportent le bonheur ; maléfiques, ils l'obligent à ruser pour connaître un sort meilleur…

Édition de Caecilia Pieri. Anthologie • 3,30 € • 160 p. • 9782081336544

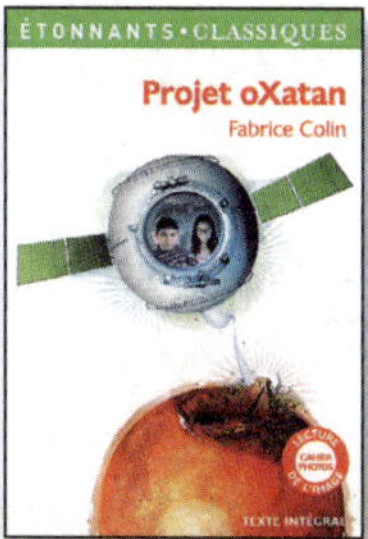

GRIMM

Le Petit Chaperon rouge et autres contes

(Le Petit Chaperon rouge. Les Trois Fileuses. Jeannot et Margot. Bout de paille, braise et haricot. Le Pêcheur et sa femme. Sept d'un coup, ou le Hardi Petit Tailleur. Cendrillon. Les Musiciens de la fanfare de Brême. Le Diable et ses trois cheveux d'or. Tom Pouce. La Belle au bois dormant. Blanche-Neige. Outroupistache. Peau de mille-bêtes. Le Loup et le Renard. Jean-la-Chance. L'Homme à la peau d'ours. Le Mont Chauve. Neigeblanche et Roserouge. Le Clou)

Édition de Caecilia Pieri. Texte intégral • 2,90 € • 192 p. • 9782081336551

Lectures cursives (ÉTONNANTISSIMES) en lien avec ce titre : *Marie des grenouilles* et *Le Petit Chaperon Uf*, p. 86, *La Reine de Patagonie et son caniche*, p. 87

HOBB (Robin)

Retour au pays

Voir p. 22

IL ÉTAIT UNE FOIS

Contes merveilleux

(Samson et Dalila. Ulysse et Polyphème. Apollon et Daphné. Le Jongleur de Notre-Dame. Cendrillon. Le Malin Petit Tailleur. Tit Vanousse)

Édition de Caecilia Pieri. Anthologie • 3,30 € • 160 p. • 9782080722836

LES MILLE ET UNE NUITS

Sindbad le marin

Édition de Marie-Louise Astre. Texte intégral • 2,80 € • 128 p. • 9782081211520

NOUVELLES DE FANTASY

(Elizabeth Haydon, Tad Williams)

Deux nouvelles qui nous plongent au cœur de l'univers fabuleux de la *fantasy*. (Le volume contient *Sur le seuil* et *L'Homme en flammes*.)

Édition de Patrice Kleff. Texte intégral • 4,40 € • 224 p. • 9782081202870

PERRAULT

Contes • NOUVELLE ÉDITION •

Voir p. 15

SAND

Les Ailes de courage

Édition de Monique Lecarpentier. Texte intégral • 2,90 € • 128 p. • 9782080722782

Héros / héroïnes et héroïsmes

AUCASSIN ET NICOLETTE

Unique chantefable de la littérature médiévale, *Aucassin et Nicolette* raconte les aventures de deux jeunes gens bravant les interdits pour vivre leur amour.

Édition d'Alexandre Micha. Texte intégral • 3,30 € • 96 p. • 9782081379480

CERVANTÈS

Don Quichotte

Édition de Véronique Anglard. Extraits • 4,10 € • 224 p. • 9782080722348

LA CHANSON DE ROLAND

Édition de Patrice Kleff. Extraits • 3 € • 160 p. • 9782081336599

CHRÉTIEN DE TROYES

Lancelot ou le Chevalier de la charrette

- Dossier : parcours de lecture dans l'œuvre ; la légende du roi Arthur au cinéma
- Cahier photos spécial Histoire des arts : le livre au Moyen Âge ; l'idéal chevaleresque ; défis, épreuves et duels ; Lancelot, un héros ambigu ; Méléagant, le chevalier félon ; postérité des romans de chevalerie

Édition d'Hervé-François Fournier. Extraits • 2,80 € • 160 p. • 9782081349377

Perceval ou le Conte du graal

Édition d'Hervé-François Fournier. Extraits • 2,80 € • 160 p. • 9782081314832

Yvain ou le Chevalier au lion

- Dossier : parcours de lecture dans l'œuvre ; les personnages féminins du roman ; l'itinéraire moral d'Yvain ; le merveilleux et les adages des romans de Chrétien de Troyes
- Cahier photos spécial Histoire des arts : le livre au Moyen Âge ; les miniatures ; le bestiaire d'Yvain : le lion et le serpent ; la cour et la forêt dans l'imaginaire médiéval ; les chevaliers de la Table Ronde au cinéma

Édition de Marie-Louise Astre. Extraits • 2,80 € • 160 p. • 9782081349384

Lectures cursives (ÉTONNANTISSIMES) en lien avec ces trois titres de Chrétien de Troyes : *Cinq Histoires d'amour et de chevalerie* et *Lancelot ou les Enchantements du graal*, p. 84-85

HÉROS QUI COMME ULYSSE

(René Barjavel, Robert de Boron, Cervantès, Chrétien de Troyes, Corneille, Hérodote, Hésiode, Homère, Hugo, Leblanc, Virgile, Voltaire, Tite-Live)

Qu'ils aient pour nom Hercule, Perceval, Jean Valjean ou Superman, qu'ils combattent une hydre géante, un chevalier déloyal ou l'injustice de la société, les personnages réunis dans cette anthologie invitent à un parcours épique, une plongée dans la littérature de l'Antiquité à nos jours.

• Dossier : parcours de lecture dans l'œuvre ; groupements de textes (« le genre de l'épopée », « les récritures héroïques ») ; le héros 2.0 : l'utilisation du super-héros dans la publicité, son imagerie dans le sport ; un livre, un film : à la découverte d'*Excalibur*, de John Boorman

• Cahier photos spécial Histoire des arts

Édition de Fabien Clavel et Isabelle Périer. Anthologie • 3,70 € • 160 p. • 9782081385146

HOMÈRE

L'Iliade

Voir p. 14

L'Odyssée

Voir p. 14

ROBERT DE BORON

Le Roman de Merlin

Merlin l'enchanteur nous entraîne dans un monde merveilleux, peuplé de belles dames et de dragons, où l'on croise le roi Arthur et les chevaliers de la Table Ronde.

Édition de Jean-Pierre Tusseau. Extraits • 3,80 € • 160 p. • 9782081336582

Lecture cursive (ÉTONNANTISSIMES) en lien avec ce titre : *Lancelot ou les Enchantements du graal*, p. 84

TRISTAN ET ISEUT

• Extraits de la version de Bédier adaptée à un public de jeunes lecteurs

• Dossier : parcours de lecture dans l'œuvre ; initiation à l'ancien français ; l'univers de la chevalerie ; l'expression des sentiments ; groupements de textes (« les autres versions de *Tristan et Iseut* », « la passion tragique dans la littérature »)

• Cahier photos spécial Histoire des arts : scribes, manuscrits, enluminures ; la scène du philtre par Salvador Dalí et Herbert James Draper ; la postérité du mythe ; *Tristan et Iseut* au cinéma

Édition de Gaëlle Cabau. Extraits • 2,80 € • 192 p. • 9782081274549

Lectures cursives (ÉTONNANTISSIMES) en lien avec ce titre : *Cinq Histoires d'amour et de chevalerie* et *Lancelot ou les Enchantements du graal*, p. 84

Questionnement complémentaire : l'être humain est-il maître de la nature ?

HOBB (Robin)
Retour au pays
Voir p. 22

PÉRIL SUR TERRE • NOUVEAUTÉ •
5 nouvelles sur la nature
(Jean-Pierre Andrevon, Roald Dahl, Jack London, Sylvain Tesson et Florence Thinard)

Un homme qui tente de survivre dans le Grand Nord ; un éleveur de porcs brisé par l'industrialisation de l'agriculture ; un inventeur qui donne à entendre la plainte des arbres… En montrant l'homme aux prises avec son environnement, dans des luttes souvent tragiques, les nouvelles de ce recueil interpellent. Peut-on défier les forces de la nature ? L'homme a-t-il le droit de régner en dieu sur Terre ?

- Dossier : parcours de lecture ; groupements de textes complémentaires ; éducation aux médias et à l'information ; un livre, un film : à la découverte de *Demain*, de Cyril Dion et Mélanie Laurent ; proposition d'EPI (français / SVT)
- Cahier photos spécial Histoire des arts

Édition de Patrice Kleff et Patrice Soulier. Texte intégral • 3,90 € • 160 p. • 9782081375482

4^{e}

Dire l'amour

BERNARDIN DE SAINT-PIERRE
Paul et Virginie
Édition de Jean-Philippe Marty. Extraits • 3,60 € • 128 p. • 9782081212220

MUSSET

Il faut qu'une porte soit ouverte ou fermée. Un caprice

Deux proverbes dramatiques : d'un côté, un comte et une marquise qui jouent à cache-cache sur le terrain des sentiments. De l'autre, une jeune épouse délaissée par son mari volage et décidée à lui donner une leçon….

Édition de Françoise Duchamp. Texte intégral • 2,90 € • 128 p. • 9782081205871

On ne badine pas avec l'amour

Édition de Nathalie Marinier. Texte intégral • 2,80 € • 128 p. • 9782081224537

MON CŒUR QUI BAT

60 poèmes de l'Antiquité à nos jours

(Apollinaire, Aragon, Baudelaire, Breton, Charles d'Orléans, Desnos, Du Bellay, Éluard, Gautier, Hugo, Labé, La Fontaine, Lamartine, Mallarmé, Marot, Musset, Nerval, Édith Piaf, Prévert, Rimbaud, Ronsard, Stromae, Verlaine)

Plongée au cœur du lyrisme, cette anthologie invite à une découverte pas à pas de la poésie amoureuse.

• Dossier : parcours de lecture dans le recueil ; groupements de textes (« duos amoureux au théâtre », « la lettre d'amour ») ; petit traité de versification ; encarts culturels ; éducation aux médias ; un livre, un film : à la découverte de *Twilight I*, de Chris Weitz

• Cahier photos spécial Histoire des arts

Édition de Céline Roumégoux. Anthologie • 3,30 € • 192 p. • 9782081385122

POÈMES DE LA RENAISSANCE

(Belleau, Chappuys, Desportes, Du Bellay, Lemaire de Belges, Marot, Peletier)

Pendant la Renaissance, des voix s'élèvent, qui chantent la douceur d'exister et d'aimer, le miracle de la vie, le règne joyeux de la nature.

Édition de Françoise Joukovsky. Anthologie • 3,30 € • 96 p. • 9782080723031

POÉSIE ET LYRISME

(Apollinaire, Aragon, Baudelaire, Bonnefoy, Charles d'Orléans, Cliff, Goffette, Labé, Mallarmé, Ponge, Réda, Rimbaud, Ronsard, Scève, Senghor, Villon, Virgile)

Parcours croisé d'un genre et d'un registre à travers les âges, de l'Antiquité jusqu'à nos jours.

Édition de Bertrand Darbeau. Anthologie • 3,70 € • 128 p. • 9782081314818

ROSTAND

Cyrano de Bergerac • NOUVELLE ÉDITION •

• Dossier : des exercices pour se familiariser avec le genre théâtral ; groupements de textes (« lettres d'amour et d'adieux », « impossibles aveux au théâtre ») ; éducation aux médias et à l'information ; un livre, un film : à la découverte de l'adaptation de Jean-Paul Rappeneau

• Cahier photos spécial Histoire des arts

Édition de Nadia Ettayeb, mise à jour par Laure Humeau-Sermage. Extraits • 3 € • 288 p. • 9782081408630

SHAKESPEARE
Roméo et Juliette

• Dossier : la pièce en 20 questions ; parcours de lecture dans l'œuvre ; groupements de textes (« un sonnet pour dire l'amour », « les variations du discours amoureux ») ; éducation aux médias et à l'information ; un livre, un film : à la découverte de *Shakespeare in love*, de John Madden
• Cahier photos spécial Histoire des arts

Édition révisée de Caroline Trotot. Texte intégral • 2,90 € • 224 p. • 9782081386273

TCHEKHOV
Une demande en mariage et autres pièces en un acte

(Une demande en mariage. L'Ours. Les Méfaits du tabac)

Trois pièces comiques en un acte sur le mariage, l'amour et la solitude, dans la Russie du XIXe siècle.

Édition de Philippe Labaune. Texte intégral • 3,30 € • 96 p. • 9782080722966

TOURGUENIEV
Premier Amour

Vladimir rencontre l'amour pour la première fois, mais la belle jeune fille qui l'a ébloui, plus âgée que lui, va bientôt le réduire au désespoir.

Édition de Matthieu et Odile Ardin. Texte intégral • 2,80 € • 128 p. • 9782081336605

Individu et société : confrontations de valeurs ?

BERBEROVA
L'Accompagnatrice

Saint-Pétersbourg, 1919 : Sonetchka est engagée par Maria, une cantatrice de la haute société, pour être son accompagnatrice. Maria est belle et talentueuse ; Sonetchka est insignifiante et miséreuse. Parce que la soprano a tout, alors qu'elle-même n'a rien, Sonetchka, d'abord fascinée, entreprend de détruire le bonheur de la chanteuse…

Publié en France en 1985, ce roman est adapté par Claude Miller au cinéma en 1992.

Édition de Laure Humeau-Sermage. Texte intégral • 4,10 € • 128 p. • 9782081207325

CORNEILLE

Le Cid • NOUVELLE ÉDITION •

Texte de l'édition originale du *Cid* (1637), avant les modifications apportées par Corneille pour satisfaire les critiques

- Dossier : parcours de lecture ; la querelle du *Cid* ; groupements de textes (« le duel, un sujet romanesque », « les récritures du *Cid* ») ; éducation aux médias et à l'information ; un livre, un film
- Cahier photos spécial Histoire des arts

Édition de Frédéric Maget, mise à jour par Aurélien Belda. Texte intégral • 2,80 € • 192 p. • 9782081411449

Médée

Le dossier de cette édition présente le mythe de la sorcière infanticide à travers ses différentes récritures, afin de permettre une initiation au tragique de l'Antiquité grecque au théâtre contemporain.

- Groupements de textes : « Médées antiques et modernes, d'Euripide à Laurent Gaudé », « la violence au théâtre »
- Cahier photos spécial Histoire des arts : Corneille, dramaturge de cour ; le personnage de Médée dans le théâtre antique ; représentations picturales de Médée au XIXe siècle ; mises en scène contemporaines ; Médée à l'écran

Édition d'Isabelle Périer. Texte intégral • 3,30 € • 192 p. • 9782081295629

FERNEY (Alice)

Grâce et dénuement

Une bibliothécaire décide d'initier au plaisir de la lecture les enfants d'une famille de Gitans installée sur un terrain vague de la banlieue parisienne : le récit d'une rencontre inattendue entre deux mondes que tout oppose. Sensible, le texte évoque l'importance de l'accession au savoir et interroge le rapport à l'autre.

Édition de Marie-Pierre Dupleix. Texte intégral • 4,70 € • 224 p. • 9782081366411

HIGGINS (Colin) et CARRIÈRE (Jean-Claude)

Harold et Maude

Adaptée d'un grand succès cinématographique, cette courte pièce en deux actes met en scène l'histoire d'amour qui se noue entre Harold – un jeune homme de dix-neuf ans fasciné par la mort – et Maude – une vieille dame de quatre-vingts ans, pleine de vie et foncièrement anticonformiste. Entre sentiments amoureux et transmission d'une philosophie de vie, la rencontre de ces deux générations prend un tour inattendu…

- Édition illustrée par les photos de la mise en scène de Jean-Louis Barrault (1973)
- Dossier : parcours de lecture dans l'œuvre ; groupements de textes (« variations autour de l'exposition », « formes du comique »)

Édition de Laure Humeau-Sermage. Texte intégral • 3,70 € • 160 p. • 9782081314801

HOLDER (Éric)

Mademoiselle Chambon

Montmirail, dans la Marne. Antonio, un maçon portugais, croise Véronique Chambon, l'institutrice de son fils. Histoire de leur idylle secrète et inavouée, le roman est aussi une chronique de la vie provinciale. Dans le dossier du volume, des articles de critique littéraire permettent de travailler sur la réception de l'œuvre. Le roman a été adapté au cinéma par Stéphane Brizé en 2009 (avec Vincent Lindon et Sandrine Kiberlain).

Édition de Laure Humeau-Sermage. Texte intégral • 3,60 € • 128 p. • 9782081206953

La fiction pour interroger le réel

BALZAC

La Vendetta €

L'histoire de *Roméo et Juliette* transposée en Corse.

Édition de Nadine Satiat. Texte intégral • 2,90 € • 128 p. • 9782080722874

BRADBURY

L'Homme brûlant et autres nouvelles

(L'Homme brûlant. Le Jeu d'octobre. Je ne suis pas si bête. Les fruits posés au fond de la coupe)

À mi-chemin entre le fantastique et le policier, quatre façons de jouer avec le crime et l'angoisse.

Édition de Patrice Kleff. Texte intégral • 3,30 € • 96 p. • 9782080721105

BUZZATI

Nouvelles étranges et inquiétantes • NOUVELLE ÉDITION •

(L'Influence des astres. Lettre ennuyeuse. Alias, rue Sesostris. Chez le médecin. Quand descend l'ombre. Escorte personnelle. Le Monstre)

Cette édition réunit neuf nouvelles de Dino Buzzati, conteur hors pair, maniant l'humour aussi bien que l'angoisse et l'étrange.

• Dossier : parcours de lecture dans l'œuvre ; exercices d'écriture de nouvelles ; entretien de Dino Buzzati avec Yves Panafieu ; éducation aux médias et à l'information ; un livre, un film : à la découverte de *La Jeune Fille de l'eau* de M. Night Shyamalan

Édition de Claire Joubaire. Texte intégral • 3,60 € • 128 p. • 9782081404373

CHAMISSO

L'Étrange Histoire de Peter Schlemihl

Étrange histoire assurément que celle de Peter Schlemihl, qui cède son ombre au diable contre la bourse sans fond de Fortunatus et s'en repent bientôt… Ce conte fantastique du début du XIXe siècle a reçu le statut d'œuvre mythique : après Chamisso, Hoffmann, Poe et bien d'autres se sont emparés du thème de l'homme sans ombre.

Édition de François-Xavier Hervouët. Texte intégral • 3,80 € • 128 p. • 9782081204898

CLAUDEL (Philippe)

Les Confidents et autres nouvelles

Récits tirés des *Petites Mécaniques*

(Les Confidents. L'Autre. Paliure. Le Voleur et le Marchand)

Une comtesse du XVIIe siècle qui trouve mystérieusement la mort dans un palais baroque italien ; un boutiquier du Second Empire qui abandonne sa famille pour suivre la trace de Rimbaud ; un criminel du Moyen Âge qui meurt assassiné par celui qu'il a été… Dans le récit de ces quatre destins, Philippe Claudel juxtapose les époques pour relire l'histoire à la lumière du fantastique.
L'édition offre une interview exclusive de l'auteur.

Édition d'Anne Princen. Texte intégral • 4 € • 128 p. • 9782081366404

CONTES DE VAMPIRES

(Capuana, Gautier, Polidori)

Ce volume réunit deux grands classiques de la littérature vampirique (*Le Vampire*, de Polidori, et *La Morte amoureuse*, de Théophile Gautier), et un récit de l'Italien Luigi Capuana (*Le Mari vampire*). Ils sont accompagnés de parcours de lecture et d'un cahier photos consacré aux « métamorphoses du vampire ».

Édition de Stéphane Després. Texte intégral • 3,70 € • 160 p. • 9782081303157

Lecture cursive (ÉTONNANTISSIMES) en lien avec ce titre : *Personne ne te sauvera*, p. 85

DUMAS

Le Comte de Monte-Cristo

Édition de Caecilia Pieri. Extraits • 5,60 € • 420 p. • 9782081366503

Une amazone *suivi de* Marie • NOUVEAUTÉ •

Au croisement du romantisme et du réalisme, deux nouvelles qui mettent en scène des personnages féminins hauts en couleur, dans un univers de bals masqués et de faux-semblants.

- Dossier : parcours de lecture ; groupements de textes (« les représentations de la femme au XIXe siècle » ; « les duels, un sujet romanesque ») ; éducation aux médias et à l'information ; un livre, un film : à la découverte de *Bright Star*, de Jane Campion
- Cahier photos spécial Histoire des arts : les scènes de bal ; le réalisme en peinture et en photographie ; les amazones, d'hier à aujourd'hui

Édition de Florence Renner. Texte intégral • 3,50 € • 160 p. • 9782081395749

FLAUBERT

La Légende de saint Julien l'Hospitalier

Édition de Patrice Kleff. Texte intégral • 2,80 € • 96 p. • 9782080722744

GAUTIER

La Morte amoureuse et autres nouvelles

(La Cafetière. Omphale. La Morte amoureuse. Le Pied de momie)

Édition de Perrine de la Roche. Texte intégral • 2,80 € • 128 p. • 9782081330252

GOGOL

Le Nez. Le Manteau

Édition de Matthieu Ardin. Texte intégral • 2,70 € • 128 p. • 9782080722997

HOFFMANN

L'Enfant étranger

Édition de Nadine Satiat. Texte intégral • 2,70 € • 128 p. • 9782080720672

L'Homme au Sable

Édition d'Aline Bunod. Texte intégral • 3,60 € • 128 p. • 9782081357761

Le Violon de Crémone. Les Mines de Falun

Édition de Nadine Satiat. Texte intégral • 3,30 € • 128 p. • 9782081212183

HUGO

Claude Gueux

• Dossier : groupements de textes (« du réalisme au naturalisme », « Victor Hugo et la peine de mort ») ; enquête sur le Web ; un livre, un film : à la découverte des *Évadés* de Frank Darabont
• Cahier photos spécial Histoire des arts

Édition révisée de Flore Delain. Texte intégral • 2,80 € • 128 p. • 9782081385849

Le Dernier Jour d'un condamné

Édition de Catherine Cazaban. Texte intégral • 2,80 € • 192 p. • 9782081314849

Les Misérables

Cette édition réunit en un seul volume les passages essentiels des *Misérables* et permet un accès facile à ce chef-d'œuvre du XIXe siècle.

- Dossier : parcours de lecture dans l'œuvre ; lecture de l'image ; groupements de textes (« romans de l'enfance malheureuse », « Victor Hugo et l'engagement ») ; éducation aux médias ; un livre, un film : à la découverte de l'adaptation de Jean-Paul Le Chanois
- Cahier photos spécial Histoire des arts : l'engagement politique et social de Victor Hugo ; le personnage de Cosette ; les représentations de la misère et de la révolte sociale au XIXe siècle ; *Les Misérables* au cinéma

Édition de Sandrine Costa. Extraits • 3,50 € • 288 p. • 9782081390614

Lecture cursive (ÉTONNANTISSIMES) en lien avec ce titre : *Autobiographie d'une Courgette*, p. 88

Notre-Dame de Paris

Édition de Véronique Anglard. Extraits • 3,60 € • 224 p. • 9782080722928

KAFKA

La Métamorphose

Édition de Loïc Marcou. Texte intégral • 2,80 € • 160 p. • 9782081316690

LE FANU (Sheridan)

Carmilla

Paru en 1871, ce court récit compte parmi les textes fondateurs de la littérature vampirique, annonçant le fameux *Dracula* de Bram Stoker.

Édition de Mathieu Meyrignac. Texte intégral • 3,60 € • 160 p. • 9782081202900

MATHESON (Richard)

Au bord du précipice et autres nouvelles

(Au bord du précipice. Appel longue distance. Paille humide. J'veux voir le Père Noël. Le Jeu du bouton)

Un cadre dynamique stressé en proie à l'angoisse d'un dédoublement, un époux insatisfait qui, pour se débarrasser de sa femme, emploie un tueur à gages… Voici l'univers inquiétant et fantastique d'un auteur passé maître du genre, fidèle collaborateur des séries *Star Trek* et *La Quatrième Dimension.*

Édition de Philippe Labaune. Texte intégral • 3,70 € • 196 p. • 9782081353145

Enfer sur mesure et autres nouvelles

(Enfer sur mesure. Avis à la population. Cycle de survie. Montage. Je suis là à attendre)

Un enfer où les mots n'ont plus de sens ; une invasion martienne qui se déroule selon les plans d'un roman en cours d'écriture ; une vie tout entière condensée comme dans un film… Voici les expériences étranges que s'apprêtent à vivre un spécialiste du langage, un auteur de science-fiction et le spectateur d'un long-métrage…

Édition de Philippe Labaune. Texte intégral • 3,80 € • 128 p. • 9782081213883

MAUPASSANT

Boule de suif

Édition de Nathalie Meyniel. Texte intégral • 3,20 € • 126 p. • 9782081342712

La Ficelle et autres nouvelles des champs

(L'Abandonné. Pierrot. Aux champs. Les Sabots. La Ficelle. Le Petit Fût. L'Orphelin. L'Aveugle)

Maître Hauchecorne, soupçonné d'avoir dérobé un portefeuille, fait l'expérience du pouvoir dévastateur de la rumeur. Miséreux, les Vallin se séparent de leur plus jeune enfant, contre de l'argent. Les temps sont durs dans la campagne normande du XIXe siècle…

- Dossier : parcours de lecture ; groupements de textes (« les paysans dans la littérature », « réalisme et naturalisme ») ; un livre, un film : à la découverte de *La Vie Moderne*, de Raymond Depardon
- Cahier photos spécial Histoire des arts

Édition de Samira Boussoualine. Texte intégral • 2,80 € • 160 p. • 9782081385177

Le Horla et autres contes fantastiques

NOUVELLE ÉDITION À PARAÎTRE EN AOÛT

(Le Horla. Un fou? Lui? La Peur. La Main d'écorché)

- Groupements de textes (« genèse du "Horla" », « textes théoriques sur le fantastique », « la folie dans la littérature du XIXe siècle »)
- Cahier photos spécial Histoire des arts : le motif du miroir ; traitements de la folie au XIXe siècle ; les représentations de l'angoisse ; « Le Horla » en bande dessinée

Édition de Grégoire Schmitzberger. Texte intégral • 2,80 € • 128 p. • 9782081314795

Le Papa de Simon et autres nouvelles

(Le Papa de Simon. En voyage. Aux champs. La Confession. Le Père. Le Baptême. Coco. Mademoiselle Perle. Boitelle)

Les camarades de Simon le harcèlent parce qu'il n'a pas de papa. Le vieux cheval de Coco est martyrisé par un garnement. Une petite fille a été abandonnée dans la neige. L'enfance, décidément, ne ressemble guère au paradis.

Édition de Nadine Satiat. Texte intégral • 2,80 € • 128 p. • 9782081285781

Lecture cursive (ÉTONNANTISSIMES) en lien avec ce titre : *Autobiographie d'une Courgette*, p. 88

La Parure et autres scènes de la vie parisienne

(La Parure. Un lâche. Le Rendez-vous. Le Masque. Les Tombales)

Cinq histoires de citadins et de citadines dans un Paris lieu d'amour, de mort et de mensonges.

Édition de Laure Meysselle. Texte intégral • 2,80 € • 96 p. • 9782081354241

MÉRIMÉE

Carmen

Édition de Sophie Sallandrouze. Texte intégral • 2,80 € • 128 p. • 9782080722768

Mateo Falcone. Tamango

Édition de Caecilia Pieri. Texte intégral • 2,80 € • 96 p. • 9782081293908

La Vénus d'Ille

Nouvelle édition de Thierry Ozwald. Texte intégral • 2,80 € • 128 p. • 9782081308176

NOUVELLES FANTASTIQUES 2

Je suis d'ailleurs et autres récits

(Frédéric Boutet, Alphonse Daudet, Fitz-James O'Brien, Lovecraft, Mérimée, Schwob)

Quel est donc cet étrange personnage qui vit dans un château obscur, au beau milieu d'une forêt épaisse, sans jamais voir la lueur du jour ? Le vieux monsieur qui accueille dans sa maison à louer un jeune visiteur peut-il être autre chose qu'un spectre ? Quand les morts vivants, fantômes et autres créatures s'emparent de notre monde ou comment les grands noms de la littérature donnent vie au fantastique. (Le volume contient : *Un fantôme, Wood'stown, La Lentille de diamant, Je suis d'ailleurs, Djoûmane, L'Homme voilé.*)

Édition de Stéphane Gougelmann. Texte intégral • 3,60 € • 160 p. • 9782080722355

LA PEUR ET AUTRES RÉCITS

8 nouvelles fantastiques, réalistes, à chute

(Apollinaire, Fredric Brown, Buzzati, Maupassant, Irène Némirovsky, Poe, Annie Saumont)

Huit courts textes, par des grandes plumes des XIXe et XXe siècles, permettant d'explorer le genre de la nouvelle (et notamment l'un de ses effets les plus spectaculaires – la chute), ainsi que les composantes du récit réaliste et du récit fantastique. Autant d'histoires à couper le souffle et qui happent le lecteur dans les délices de l'attente du dénouement.

• Cahier photos spécial Histoire des arts : le réalisme et le fantastique dans les arts

Édition de Stéphane Després. Anthologie • 3,80 € • 128 p. • 9782081347786

POE

Le Chat noir et autres contes fantastiques

(Le Chat noir. William Wilson. Le Masque de la mort rouge. Metzengerstein)

Édition de Loïc Marcou. Texte intégral • 2,80 € • 128 p. • 9782081363410

Double Assassinat dans la rue Morgue. La Lettre volée

Édition de Loïc Marcou. Texte intégral • 2,90 € • 128 p. • 9782080722980

POUCHKINE

La Dame de pique et autres nouvelles

(Le Marchand de cercueils. La Demoiselle-paysanne. La Dame de pique)

Des nouvelles qui oscillent entre réalisme et fantastique.

Édition de Marion Méary. Texte intégral • 2,90 € • 128 p. • 9782081204706

SHELLEY
Frankenstein

- Dossier : parcours de lecture dans l'œuvre ; groupement de textes (« l'homme artificiel ») ; éducation aux médias et à l'information ; un livre, un film : l'adaptation de James Whale
- Cahier photos spécial Histoire des arts : l'univers des romans gothiques anglais ; le laboratoire du savant fou au cinéma ; le mythe de Prométhée selon Pierre Paul Rubens et Gustave Moreau

Édition d'Aline Bunod. Extraits • 3 € • 192 p. • 9782081395039

STENDHAL
Vanina Vanini. Le Coffre et le Revenant

Deux récits où l'amour brave le pouvoir et en paie le prix.

Édition de Marion Martin-Suhamy. Texte intégral • 2,80 € • 96 p. • 9782081285910

STEVENSON
Le Cas étrange du Dr Jekyll et M. Hyde

Édition de Loïc Marcou. Texte intégral • 3,40 € • 160 p. • 9782081316706

STOKER
Dracula • NOUVELLE ÉDITION •

- Dossier : parcours de lecture ; groupement de textes (« les monstres dans la littérature fantastique ») ; éducation aux médias et à l'information ; un livre, un film : à la découverte de l'adaptation de Francis Ford Coppola
- Cahier photos spécial Histoire des arts : les adaptations du roman au cinéma

Édition révisée d'Anne Cassou-Noguès et de Marie-Aude de Langenhagen.
Extraits • 2,90 € • 224 p. • 9782081404380

Lecture cursive (ÉTONNANTISSIMES) en lien avec ce titre : *Personne ne te sauvera*, p. 85

TOURGUENIEV
Premier Amour

Voir p. 31

VILLIERS DE L'ISLE-ADAM
Véra et autres nouvelles fantastiques

(Véra. Le Convive des dernières fêtes. Le Désir d'être un homme. Fleur des ténèbres. L'Intersigne)

Édition de Philippe Labaune. Texte intégral • 3,30 € • 128 p. • 9782081208612

WILDE

Le Fantôme de Canterville et autres nouvelles

(Le Fantôme de Canterville. Le Millionnaire modèle. Le Géant égoïste)

Édition de Marie-Louise Astre. Texte intégral • 2,80 € • 96 p. • 9782080722652

ZOLA

Au Bonheur des Dames

Une sélection d'extraits dans le respect de l'œuvre originale.

- Dossier : parcours de lecture dans l'œuvre ; groupements de textes (« Zola et le naturalisme », « du magasin de nouveautés à Internet », « précurseurs d'Octave Mouret »)
- Cahier photos spécial Histoire des arts

Édition de Patrice Kleff. Extraits • 4,50 € • 224 p. • 9782081347878

Germinal

Édition de Nathalie Meyniel. Extraits • 3,50 € • 256 p. • 9782081285897

Informer, s'informer, déformer ?

KAPUŚCIŃSKI

Autoportrait d'un reporter

Historien, journaliste et grand reporter polonais (1932-2007), Ryszard Kapuściński a été correspondant permanent en Afrique, en Amérique latine et en Asie pour l'Agence de presse de son pays. Il a ainsi couvert des dizaines de guerres et de révolutions. Il revient ici sur son parcours – le métier de reporter, ses contraintes, son éthique, sa mission – et constate les dérives des médias aujourd'hui. Un témoignage qui est aussi une réflexion passionnante sur le rôle de l'information.

Édition de Patrice Kleff. Extraits • 3,60 € • 96 p. • 9782081240032

LA TÉLÉ NOUS REND FOUS !

(Bradbury, Cespedes, Cluzel, Joncour, Laîné, Orwell, Schneidermann, Segura, Sheckley, Toussaint, Wolton)

La télévision est-elle la meilleure ou la pire des choses ? Certains y voient une forme incomparable d'accès à la culture quand d'autres parlent de télé-poubelle et s'interrogent sur la violence qu'elle véhicule. Une chose est sûre : la petite lucarne questionne et divise !

Édition de Patrice Kleff. Anthologie • 4,10 € • 160 p. • 9782081207516

TOUS LES CHEMINS MÈNENT À L'INFO

(Camus, Albert Londres, Kessel, Verne, Zola, et de nombreux articles de presse)

À l'heure des breakings news, des buzz et autres *storytelling*, s'informer – et surtout savoir s'informer – est devenu indispensable. Qu'est-ce qu'une information ? Comment se construit-elle ? Comment juger de sa fiabilité ? Quel est le rôle du journaliste ? Faut-il tout montrer ? Autant de questions cruciales qui sont abordées dans cette anthologie.

- Dossier : parcours de lecture dans les textes ; éducation aux médias ; un livre, un film : à la découverte de *Erin Brockovich*, de Steven Soderbergh
- Cahier photos spécial Histoire des arts, avec notamment les Unes qui ont marqué l'histoire

Édition de Patrice Kleff. Anthologie • 4,90 € • 160 p. • 9782081385139

3e

Se raconter, se représenter

ALAIN-FOURNIER
Le Grand Meaulnes

• Dossier : la dimension autobiographique de l'œuvre ; la structure du récit ; *Le Grand Meaulnes* et le roman de chevalerie : extraits du *Perceval* de Chrétien de Troyes

Édition de Christian Keime. Texte intégral • 3,40 € • 288 p. • 9782081331600

Lectures cursives (ÉTONNANTISSIMES) en lien avec ce titre : *Autobiographie d'une Courgette*, p. 88 et *La Mécanique du cœur*, p. 87

L'AUTOBIOGRAPHIE ET AUTRES ÉCRITURES DE SOI

(Christine Angot, Beauvoir, Chateaubriand, Anne Frank, De Gaulle, Michel Houellebecq, La Rochefoucauld, Primo Levi, Montaigne, Queneau, Renard, Rousseau, Sarraute, Sartre, Tolstoï, Fred Uhlman)

• Dossier : peintures de soi ; autoportraits ; éducations aux nouveaux médias : Sophie Calle, « Prenez soin de vous » ; un livre, un film : à la découverte de *Couleur de peau : miel*, de Laurent Boileau et Jung Sik-jun

• Cahier photos spécial Histoire des arts

Édition de Loïc Marcou, mise à jour par Florence Renner.
Anthologie • 3,90 € • 128 p. • 9782081385832

COLETTE
Le Blé en herbe

Édition de Frédéric Maget. Texte intégral • 3,50 € • 192 p. • 9782081308169

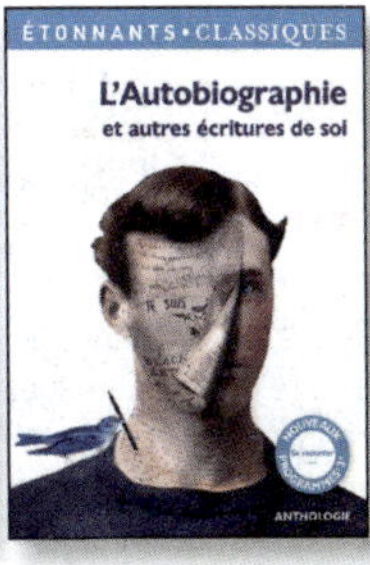

DEL CASTILLO (Michel)

Tanguy

Histoire d'un enfant d'aujourd'hui

En 1939, Tanguy a cinq ans. Après un séjour dans un camp de concentration en France, il est séparé de sa mère, une républicaine espagnole, et déporté en Allemagne. Ce terrible périple est illuminé par des rencontres bienfaisantes qui lui permettent de survivre – la Juive Rachel, l'Allemand Gunther… Ce roman est un hymne à « ces hommes et à ces femmes "sans naissance" qui n'opposent à l'ordre que les forces de leur patience et de leur résignation ».

• Dossier : parcours de lecture dans l'œuvre ; groupements de textes (« Tanguy, un roman autobiographique ? », « l'enfant dans la guerre », « les traumatismes de l'enfance »)

• Cahier photos spécial Histoire des arts : la mère et l'enfant en peinture ; les figures maternelles dans *Tanguy* ; l'enfant dans la guerre

Édition de Laure Humeau-Sermage et Anne Péan. Texte intégral • 5 € • 320 p. • 9782081249691

LOTI

Le Roman d'un enfant

Julien Viaud est un enfant solitaire, peu enclin aux amusements de son âge et couvé par les femmes qui constituent son entourage familial. Dans ce texte, entre roman et autobiographie, Loti se plaît à nous égarer dans les méandres de ses souvenirs.

Édition de Caecilia Pieri. Extraits • 4,40 € • 192 p. • 9782081205628

Lectures cursives (ÉTONNANTISSIMES) en lien avec ce titre : *Autobiographie d'une Courgette*, p. 88, et *La Mécanique du cœur*, p. 87

ON N'EST PAS SÉRIEUX QUAND ON A QUINZE ANS

Adolescence et littérature

(Alain-Fournier, Bazin, Bernardin de Saint-Pierre, Charlotte Brontë, Céline, Chateaubriand, Colette, Goethe, Hugo, Martin du Gard, Musset, Radiguet, Rimbaud, Samson, Stendhal)

Peindre l'adolescence est un projet qui a séduit de nombreux écrivains : ils évoquent un âge d'or révolu et regretté ou le difficile passage à l'âge adulte – l'adolescence dans tous ses états.

Édition de Magali Wiéner. Anthologie • 4,40 € • 160 p. • 9782081204928

PROUST

Combray

De son enfance à Combray, le narrateur se rappelle les couchers difficiles où il attendait plein d'angoisse le baiser de sa mère pour pouvoir s'endormir. Devenu adulte, en quête de souvenirs perdus, il retrouvera une partie du passé grâce à une petite madeleine…

Édition de Sandrine Costa. Extraits de *Du côté de chez Swann* • 4,70 € • 192 p. • 9782081204812

RADIGUET

Le Diable au corps

ÉDITION RECOMMANDÉE PAR L'ÉDUCATION NATIONALE

• Dossier : parcours de lecture dans l'œuvre ; groupements de textes (« projets autobiographiques », « les écrivains et la Grande Guerre », « scènes de rencontre amoureuse »)

• Cahier photos spécial Histoire des arts : images de Raymond Radiguet, par Jacques-Émile Blanche et Amedeo Modigliani ; représentations de la Grande Guerre ; Daphnis et Chloé dans les arts ; l'adaptation de Claude Autant-Lara

Édition de Thierry Corbeau. Texte intégral • 3,80 € • 192 p. • 9782081289666

RENARD
Poil de Carotte

Édition de Stéphane Gougelmann. Texte intégral • 2,80 € • 192 p. • 9782081212206

Lectures cursives (ÉTONNANTISSIMES) en lien avec ce titre : *Autobiographie d'une Courgette*, p. 88, et *La Mécanique du cœur*, p. 87

TROYAT
Aliocha

Russe à la maison et Français au lycée : c'est une situation difficile pour un enfant de quatorze ans. Par chance, un camarade de classe, Thierry Gozelin, va amener Alexis Krapivine à s'accepter tel qu'il est, riche de deux mondes et de deux natures.

Édition de Maud Sirois-Belle et de Georges Belle. Texte intégral • 4,10 € • 160 p. • 9782081366497

VALLÈS
L'Enfant

• Cahier photos spécial Histoire des arts : images de l'écrivain et du journaliste Jules Vallès ; portraits d'enfants et récit autobiographique ; l'école, de la scène de genre à la caricature ; la famille : le monde des apparences ; l'enfant malheureux au cinéma : *Poil de Carotte* et *Vipère au poing*

Édition de Patrice Kleff. Extraits • 3,30 € • 160 p. • 9782081285927

Lectures cursives (ÉTONNANTISSIMES) en lien avec ce titre : *Autobiographie d'une Courgette*, p. 88, et *La Mécanique du cœur*, p. 87

Dénoncer les travers de la société

CARRÈRE (Emmanuel)
La Classe de neige

Le temps d'une classe de neige, la vie bascule pour Nicolas, pris au piège d'une effroyable tragédie. Écrite à hauteur d'enfant pour mieux dévoiler l'horreur des adultes, cette œuvre à la construction millimétrée et au suspens haletant n'en finit pas d'interroger le lecteur bien après qu'il a refermé le livre.

• Dossier : parcours de lecture dans l'œuvre ; groupements de textes ; extrait du scénario de l'adaptation de Claude Miller ; interview d'Emmanuel Carrère

• Cahier photos spécial Histoire des arts : les représentations de l'enfance aux XIXe et XXe siècles ; le fantastique et le merveilleux dans la peinture surréaliste ; du roman au film : l'adaptation de Claude Miller en images

Édition de Fanny Taillandier. Texte intégral • 5,50 € • 192 p. • 9782081347823

CARRIÈRE (Jean-Claude)

La Controverse de Valladolid

Quelque soixante ans après la découverte du Nouveau Monde, dans un couvent de Valladolid, un dominicain et un philosophe s'affrontent : les Indiens sont-ils des hommes comme les autres ? L'issue de ce débat passionné, déterminante pour des millions d'hommes, pourrait bien être surprenante…

Édition d'Anne Cassou-Noguès et de Marie-Aude de Langenhagen.

Texte intégral • 4,40 € • 128 p. • 9782081296145

Lectures cursives (ÉTONNANTISSIMES) en lien avec ce titre : *Amerigo*, p. 92, et *Douze Ans dans l'esclavage*, p. 90

CINQ NOUVELLES SUR LA CRUAUTÉ ORDINAIRE

(Andrée Chedid, Didier Daeninckx, Thierry Jonquet, Jean-Marie Le Clézio, Annie Saumont)

• Groupements de textes (« la cruauté conjugale ou les affres du mariage », « Maupassant, réalisme et cruauté au XIXe siècle »)

• Cahier photos spécial Histoire des arts : la transposition et la distorsion du réel en art depuis l'école réaliste du XIXe siècle jusqu'aux dernières œuvres de l'hyperréalisme

Édition de Laure Humeau-Sermage et Anne Péan. Anthologie • 3,70 € • 128 p. • 9782081313842

HIGGINS (Colin) et CARRIÈRE (Jean-Claude)

Harold et Maude

Voir p. 32

JARRY

Ubu roi

• Dossier : parcours de lecture ; groupement de textes (« aux sources d'*Ubu Roi* ») ; éducation aux médias et à l'information ; un livre, un film : à la découverte de l'adaptation de Jean-Christophe Averty

• Cahier photos spécial Histoire des arts

Édition révisée de Nadia Ettayeb. Texte intégral • 2,90 € • 160 p. • 9782081379497

LAROUI (Fouad)

L'Oued et le Consul et autres nouvelles

(L'Oued et le Consul. Nos pendus ne sont pas les leurs. Une botte de menthe. Le Tyran et le Poète. Tu n'as rien compris à Hassan II. Khadija aux cheveux noirs. Stridences et Ululations. Un peu de terre marocaine. Jay ou l'Invention de Dieu. Des yeux pour ne plus voir)

Fouad Laroui joue avec les mots et, à la manière d'un conteur sur la place publique, évoque le Maroc de son enfance. Des récits qu'illuminent un humour impitoyable et un sens aigu de la satire.

Édition de Laure Humeau-Sermage. Texte intégral • 4 € • 128 p. • 9782081366398

MIANO (Léonora)

Afropean Soul et autres nouvelles

De ses mots acérés et percutants, Léonora Miano (Prix Goncourt des lycéens en 2006) évoque l'immigration, la précarité, la délinquance, et s'interroge sur les notions d'identité et de nation.

Édition de Jérôme Destaing. Texte intégral • 3,80 € • 128 p. • 9782081209596

MONTESQUIEU
Lettres persanes

Édition de Fabrice Fajeau. Extraits • 3,30 € • 160 p. • 9782081290723

LA PEINE DE MORT
De Voltaire à Badinter

(Badinter, Barrès, Beccaria, Briand, Hugo, Jaurès, Lamartine, Lemire, Mauriac, Montesquieu, Voltaire)

Édition de Sandrine Costa. Anthologie • 3,30 € • 128 p. • 9782081207509

RABELAIS
Gargantua

Édition de Françoise Joukovsky. Extraits • 3 € • 128 p. • 9782081357754

RÉCITS POUR AUJOURD'HUI
17 fables et apologues contemporains

(Borges, Bradbury, Fredric Brown, Buzzati, Calvino, Andrée Chedid, Kafka, Orwell, Sagan, Michel Tournier)

Un ensemble de textes courts – fables, contes, nouvelles –, dont certains très connus, écrits par des grands noms de la littérature du XXe siècle invitant les lecteurs à prendre part aux débats qui traversent leur époque et à s'interroger sur les valeurs qui la fondent.

Édition de Jérôme Destaing. Anthologie • 3,80 € • 160 p. • 9782081357785

SAUMONT (Annie)
Aldo, mon ami et autres nouvelles

(La Plage. J' l'ai rendu. Seife aus Paris. Aldo, mon ami. Doumbo. 59 Roubaix. Est-ce que ça existe l'Australie. Tout finira par s'arrêter. La Bâche. Il revenait de Chicago, Papa. Passe-moi le sel)

Un homme songe devant la plage à son enfance et aux humiliations qu'il a subies ; des enfants exercent leur cruauté sur l'un des leurs… Onze histoires qui mettent à nu les douleurs de l'âme.

Édition de Marie-Pierre Dupleix. Texte intégral • 3,80 € • 128 p. • 9782081214149

SWIFT
Voyage à Lilliput

NOUVELLE ÉDITION À PARAÎTRE EN AOÛT

Édition de Sébastien Foissier. Texte intégral • 3,30 € • 128 p. • 9782081213517

LA TÉLÉ NOUS REND FOUS !

Voir p. 40

THOMAS (Robert)

Huit Femmes

Dans une demeure bourgeoise, le père de famille est retrouvé poignardé dans sa chambre. Le meurtre entraîne les huit femmes de la maison dans une intrigue policière haletante.

Adaptée plusieurs fois au cinéma, la pièce de Robert Thomas constitue une satire virulente des travers de la société.

- Dossier : parcours de lecture ; groupements de textes (« la satire », « un drame familial », « le dévoilement du mensonge au théâtre »)
- Cahier photos spécial Histoire des arts

Édition de Cécile Cornut-Gentile. Texte intégral • 4,70 € • 192 p. • 9782081375512

VOLTAIRE

Jeannot et Colin. Le Monde comme il va

- Dossier : microlectures ; groupement de textes « portraits de vaniteuses et de vaniteux » ; éducation aux médias et à l'information ; un livre, un film : à la découverte d'*Une époque formidable…* de Gérard Jugnot ; propositions d'EPI
- Cahier photos spécial Histoire des arts

Édition de Sébastien Foissier, mise à jour par Stéphane Desprès.
Texte intégral • 2,80 € • 128 p. • 9782081385856

Micromégas NOUVELLE ÉDITION À PARAÎTRE EN AOÛT

Édition de Sébastien Foissier. Texte intégral • 2,80 € • 96 p. • 9782081293885

WESTLAKE (Donald)

Le Couperet

Cadre dans une papeterie depuis vingt ans, Burke Devore, la quarantaine, est un père de famille heureux. Mais un jour il est licencié, atteint de plein fouet par la vague de compressions et de restructurations qui touche l'Amérique des années 1990. Cet employé modèle voit alors sa vie basculer. Bien décidé à retrouver son bonheur perdu, il est prêt à tout… même au pire ! Le dossier de l'édition revient sur l'adaptation cinématographique du *Couperet* par Costa-Gavras en 2005.

Édition d'Anne Cassou-Noguès. Texte intégral • 5 € • 320 p. • 9782080722485

Visions poétiques du monde

BAUDELAIRE

Le Spleen de Paris

Petits Poèmes en prose

- Dossier : parcours de lecture dans l'œuvre ; groupements de textes (« des *Fleurs du mal* aux *Petits Poèmes en prose* » ; « poésie de la misère urbaine, de Victor Hugo à Mallarmé »)
- Cahier photos spécial Histoire des arts : les femmes du *Spleen* ; l'homme des foules ; mendiants et bohémiens

Édition d'Anne Princen. Texte intégral • 3,60 € • 192 p. • 9782081375413

LE PARTI PRIS DU MONDE

(Apollinaire, Cadou, Cendrars, Césaire, Andrée Chedid, Cocteau, Desnos, Dominique A, Follain, Guillevic, Michaux, Ponge, Queneau, Jacques Réda, Renaud, Senghor, Vian)

Le recueil invite à découvrir le regard particulier que porte la poésie contemporaine sur le monde et ses transformations. L'ordinaire, le quotidien, les villes, les « choses » sont des objets de fascination et de réflexion pour les poètes de notre temps

• Cahier photos spécial Histoire des arts : contemplation et dénonciation des choses ordinaires ; enchantements et désenchantements urbains ; nouvelles invitations au voyage

Édition d'Élise Sultan. Anthologie • 3,90 € • 128 p. • 9782081289680

POÉSIE ET LYRISME

Voir p. 30

VOYAGES EN BOHÊME

(Baudelaire, Rimbaud, Verlaine)

Parce qu'ils ont renoncé à la sécurité d'une vie sans histoires, qu'ils ont rompu avec les conventions étriquées de leur siècle, Baudelaire, Verlaine et Rimbaud seront appelés « poètes maudits », mais leurs œuvres géniales – *Les Fleurs du mal, Poèmes saturniens, Illuminations*… – figurent aujourd'hui parmi les plus grands chefs-d'œuvre de la littérature.

Édition de Françoise Métais. Anthologie • 3,30 € • 96 p. • 9782081353138

Agir dans la cité : individu et pouvoir

AU NOM DE LA LIBERTÉ

Poèmes de la Résistance

(Aragon, Char, Desnos, Druon, Éluard, Kessel)

Quand les poètes se battaient avec leur plume. Une anthologie des grands textes des années noires.

Édition d'Anne Bervas-Leroux. Anthologie • 3,50 € • 96 p. • 9782081219694

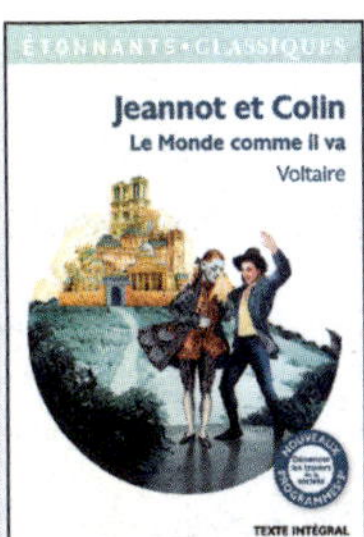

BLOTTIÈRE (Alain)

Le Tombeau de Tommy

Le 21 février 1944, vingt-trois résistants furent exécutés par des soldats allemands au Mont-Valérien. Parmi eux, se trouvait une figure méconnue de la lutte contre le nazisme : Thomas Elek, dit Tommy, dix-neuf ans. Près de soixante-dix ans plus tard, un cinéaste lui consacre un film. Exhumant les archives, il enquête sur le parcours de ce jeune juif hongrois, comme il le fait bientôt sur celui de Gabriel, le garçon choisi pour incarner Thomas à l'écran…

• Dossier : deux groupements de textes (« l'hommage des poètes aux résistants », « les derniers mots des martyrs »)

Édition de Laure Humeau-Sermage. Texte intégral • 5,50 € • 256 p. • 9782081375444

CATHRINE (Arnaud)

Les Yeux secs

Édition de Laure Humeau-Sermage. Texte intégral • 3,60 € • 128 p. • 9782081231207

CEUX DE VERDUN

LECTURE RECOMMANDÉE PAR L'ÉDUCATION NATIONALE

Les écrivains et la Grande Guerre

(Barbusse, Céline, Cendrars, Dorgelès, Genevoix, Martin du Gard, E.-M. Remarque, Romains)

Un ensemble de textes sur la Grande Guerre, écrits par des auteurs de la génération du feu, où l'écriture romanesque est à la fois témoignage et acte militant. Pour enrichir le recueil, des rappels historiques, une sélection de photos d'archives et de films, une planche de bande dessinée.

Édition de Patrice Kleff. Anthologie • 3,30 € • 128 p. • 9782081357792

CHEDID (Andrée)

Le Message

Dans la rue déserte d'une ville ravagée par la guerre, Marie s'effondre, touchée par une balle alors qu'elle s'apprêtait à rejoindre Steph. Dans sa dernière lettre, le garçon lui demandait d'oublier leurs querelles passées et de vivre enfin l'amour profond qui les unit. Luttant contre la mort, Marie ne désire plus qu'une chose : transmettre un message à Steph pour lui dire qu'elle venait et qu'elle l'aime.

• Dossier : parcours de lecture ; groupements de textes (« poèmes d'amour et de guerre », « la littérature engagée ») ; éducation aux médias et à l'information ; un livre, un film : à la découverte d'*Un long dimanche de fiançailles*, de Jean-Pierre Jeunet

• Cahier photos spécial Histoire des arts

Édition révisée de Laure Humeau-Sermage. Texte intégral • 3,70 € • 160 p. • 9782081390621

Le Sixième Jour

Édition de Jérôme Roudier. Texte intégral • 3,70 € • 160 p. • 9782081249738

DEL CASTILLO (Michel)

Tanguy

Voir p. 42

DELBO (Charlotte)

Ceux qui avaient choisi • NOUVEAUTÉ •

Vingt ans après sa déportation, une rescapée d'Auschwitz rencontre un universitaire allemand qui a servi comme officier sous le régime nazi. À travers leur dialogue, qui oscille entre confrontation et séduction, la pièce interroge la responsabilité individuelle et collective face à l'une des pages les plus sombres de notre Histoire.

- Dossier : microlectures ; groupements de textes (« s'engager et résister », « se raconter, se représenter », « l'expérience des camps ») ; éducation aux médias et à l'information ; un livre, un film : à la découverte de *Hiroshima mon amour*, d'Alain Resnais
- Cahier photos spécial Histoire des arts sur la Résistance pendant la Seconde Guerre mondiale et les œuvres de déportés

Édition de Claire Joubaire. Texte intégral • 4,90 € • 160 p. • 9782081380479

FRIEDMAN (Carl)

Mon père couleur de nuit

Si Jochel, le père de famille, n'est pas comme les autres, c'est qu'il a « eu le camp ». rescapé de la Shoah, ses souvenirs contaminent son quotidien et ses enfants deviennent les dépositaires de ses terribles récits, sans qu'ils les comprennent toujours.

À travers de courts chapitres d'une rare intensité, l'œuvre questionne : faut-il tout dire ? Comment vivre après la barbarie nazie ?

- Dossier : parcours de lecture dans l'œuvre ; groupements de textes (« contre l'oubli », « le difficile retour des camps ») ; un livre, un film : à la découverte du *Fils de Saul* (László Nemes)
- Cahier photos spécial Histoire des arts

Édition d'Aurélien Belda. Texte intégral • 3,80 € • 160 p. • 9782081385689

GIRAUDOUX

Électre

• Dossier : parcours de lecture dans l'œuvre ; groupements de textes (« variations autour du mythe, ou la confrontation mère-fille », « comment mettre en scène *Électre* ? »)
• Cahier photos spécial Histoire des arts : une famille tragique, ou la malédiction du crime ; l'originalité de Giraudoux ; l'espace de la représentation, ou comment figurer le palais d'Argos ; représenter le personnage d'Électre

Édition de Rafaëlle Jolivet-Pignon. Texte intégral • 3,90 € • 224 p. • 9782081347779

La guerre de Troie n'aura pas lieu

• Dossier : parcours de lecture dans l'œuvre ; groupements de textes (« coups de théâtre », « une histoire, une multiplicité de récritures », « la représentation en questions »)
• Cahier photos spécial Histoire des arts : quelles scénographies pour *La guerre de Troie n'aura pas lieu* ? ; les chromos d'Hélène (représentations picturales de la guerre de Troie)

Édition de Delphine Urban. Texte intégral • 3,50 € • 192 p. • 9782081349605

GRUMBERG (Jean-Claude)

L'Atelier • NOUVELLE ÉDITION •

Dans un atelier de confection, de 1945 à 1952, des employés travaillent et, entre rires et larmes, racontent leur vie pendant l'Occupation et dans l'immédiat après-guerre. Des destins différents qui se croisent et soulèvent tous la même question : comment vivre après le traumatisme de la guerre et de la Shoah ?
• Dossier : groupements de textes (« les camps de concentration », « se raconter ») ; interview de l'auteur ; éducation aux médias et à l'information ; étude d'une mise en scène
• Cahier photos spécial Histoire des arts

Édition révisée d'Anne Cassou-Noguès et de Marie-Aude de Langenhagen. Texte intégral • 4,90 € • 160 p. • 9782081385702

Zone libre

Fuyant les rafles qui sévissent à Paris en 1942, la famille Zilberberg franchit clandestinement la ligne de démarcation. La voici en zone libre, hébergée dans la grange du père Maury, un brave paysan corrézien.
• Dossier : interview exclusive de l'auteur ; parcours de lecture dans l'œuvre ; groupements de textes (« la scène d'exposition », « la vie sous l'Occupation ») ; l'adaptation cinématographique de Christophe Malavoy (2007)

Édition d'Anne Cassou-Noguès et de Marie-Aude de Langenhagen. Texte intégral • 4,40 € • 192 p. • 9782081207066

JONQUET (Thierry)

LECTURE RECOMMANDÉE PAR L'ÉDUCATION NATIONALE

La Vigie

Le 11 novembre 1995, André Laheurtière, le dernier poilu de la ville de Feucherolles-les-Essarts, est retrouvé mort à son domicile. Le lendemain de ses obsèques, une vague de violence inexplicable se déchaîne dans la ZUP voisine – ce que l'on nomme bientôt le « syndrome de Feucherolles-les-Essarts », ou « SFE ». Un an plus tard, Marcel, un jeune postier, découvre un lien entre le SFE et Laheurtière… Dans ce récit haletant paru initialement dans *Le Monde*, Thierry Jonquet mêle habilement histoire (les événements traumatiques de la Grande Guerre) et critique de la société contemporaine.

• Dossier : parcours de lecture dans l'œuvre ; groupements de textes (« le regard du voyeur », « la réalité du combat », « le traumatisme de la guerre »)

• Cahier photos spécial Histoire des arts : l'horreur des tranchées ; images de poilus (documents d'archives) ; les « gueules cassées » dans les tableaux d'Otto Dix

Édition de Laure Humeau-Sermage et Anne Péan. Texte intégral • 3,80 € • 128 p. • 9782081300149

KESSEL (Joseph)

L'Équipage

LECTURE RECOMMANDÉE PAR L'ÉDUCATION NATIONALE

Âgé d'à peine vingt ans et épris de gloire, Jean s'engage comme aviateur en 1918. Dans son escadrille de pilotes, la survie ne tient qu'à la fraternité qui unit les membres d'un même équipage. Ainsi, Jean devient l'ami de son coéquipier, le lieutenant Maury, à tel point que les deux hommes sont unis par une complicité presque fusionnelle. Mais la passion de Jean et de Maury pour la même femme ne risque-t-elle pas de détruire l'équipage ?

• Groupements de textes (« Ah Dieu ! que la guerre est jolie ? », « la guerre et ses héros », « amants et mari, de la rivalité au remords »)

• Cahier photos spécial Histoire des arts : l'armée de l'air pendant la Première Guerre mondiale ; l'as de l'aviation, un chevalier moderne ; du roman au film ; échos mythologiques

Édition d'Emmanuelle Guillou. Texte intégral • 4,90 € • 288 p. • 9782081311442

KRESSMANN TAYLOR (Kathrine)

Inconnu à cette adresse • NOUVELLE ÉDITION •

Une longue et solide complicité unit Max et Martin, deux associés marchands d'art. En 1932, Martin retourne vivre en Allemagne, tandis que Max, juif américain, demeure en Californie. Peu à peu, la montée du nazisme assombrit leur correspondance…

• Dossier : le contexte historique de l'intrigue ; le nazisme raconté par la littérature ; récit épistolaire et affrontement ; éducation aux médias et à l'information ; un livre, un film : à la découverte de *La Liste de Schindler*, de Steven Spielberg

• Cahier photos spécial Histoire des arts : le mythe de Hitler ; l'antisémitisme d'État ; l'art et la propagande ; l'art rejeté par les nazis ; l'art engagé contre le nazisme (Victor Brauner, Charlie Chaplin, Reinhold Rossig, John Heartfield, Pablo Picasso)

Édition de Fabien Clavel et Claire Joubaire. Texte intégral • 3,90 € • 128 p. • 9782081408616

LEROY (Gilles)

Zola Jackson

En août 2005, l'ouragan Katrina s'abat sur La Nouvelle-Orléans. En même temps que les eaux montent inexorablement, engloutissant les hommes et les bâtiments, des flux de souvenirs submergent Zola, institutrice noire à la retraite, désespérément arrimée à la pensée du fils qu'elle a perdu…

• Dossier : parcours de lecture dans l'œuvre ; groupements de textes (« villes maudites », « le racisme en littérature aux États-Unis », « la satire du journalisme dans le roman réaliste ») ; focus documentaire sur l'ouragan Katrina ; interview de Gilles Leroy

• Cahier photos spécial Histoire des arts : les représentations du Déluge ; Katrina et La Nouvelle-Orléans

Édition de Fanny Taillandier. Texte intégral • 5,50 € • 192 p. • 9782081347809

Lecture cursive (ÉTONNANTISSIMES) en lien avec ce titre : *L'Inondation*, p. 88

PAROLES DE LA SHOAH

(Robert Antelme, Louis Aragon, Henri Calet, Charlotte Delbo, Jean Ferrat, Anne Frank, Etty Hillesum, Joseph Joffo, Horst Krüger, Claude Lanzmann, Primo Levi, Art Spiegelman)

Édition de Patrice Kleff. Anthologie • 3,60 € • 96 p. • 9782081215221

RUFIN (Jean-Christophe)

Les Naufragés et autres histoires qui reviennent de loin

(Passion francophone. Les Naufragés. Le Refuge del Pietro. Garde-Robe. Train de vie)

De Paris à l'île Maurice en passant par le Luxembourg, le Sri Lanka et les Dolomites, ces cinq histoires tracent le portrait de naufragés du monde contemporain. Légers mais jamais gratuits, ces récits portent un regard sur les grands conflits du siècle et amènent à s'interroger sur le sens de la mémoire.

• Dossier : parcours de lecture dans les nouvelles ; groupements de textes (« se chercher, se construire grâce aux voyages », « dénoncer les travers de la société ») ; éducations aux nouveaux médias ; un livre, un film : à la découverte de *Good Bye, Lenin !*, de Wolfgang Becker

• Cahier photos spécial Histoire des arts

Édition de Sidonie Vidal. Texte intégral • 5,80 € • 192 p. • 9782081375437

SAUMONT (Annie)

La guerre est déclarée et autres nouvelles

(La guerre est déclarée. Vous auriez dû changer à Dol. Les voilà. La Composition d'orthographe. Sarah. C'était hier. Le Cri. Le Sucre)

Un homme hanté par le souvenir des camps d'extermination, où, kapo, il a conduit celle qu'il aimait à la mort, sans dire un mot ; un autre, rongé par le remords, parce que, sous l'Occupation, recueilli par des fermiers, il a provoqué l'arrestation de Sarah, la petite fille qu'ils hébergeaient… Huit nouvelles très émouvantes autour de la Seconde Guerre mondiale.

Édition de Jean Vattement. Texte intégral • 3,60 € • 126 p. • 9782081290730

SI JE NE REVENAIS PAS… • NOUVEAUTÉ •

5 récits d'amour et de guerre

(Emmanuel Carrère, Philippe Claudel, Irène Némirovsky, Erich Maria Remarque et Éric-Emmanuel Schmitt)

À travers des destins singuliers, brisés par les guerres du siècle dernier, ce recueil de cinq courts textes contemporains interroge le rôle de la mémoire et célèbre, au milieu des ruines, le triomphe de l'amour.

- Dossier : un long extrait de *Je finirai à terre* de Laurent Gaudé ; groupements de textes (« 14-18 : raconter le front », « se raconter, se représenter ») ; éducation aux médias et à l'information ; un livre, un film : à la découverte de *La Grande Illusion*, de Jean Renoir
- Cahier photos spécial Histoire des arts

Édition de Marie de Marcillac. Texte intégral • 3,40 € • 160 p. • 9782081395824

ZWEIG

Le Joueur d'échecs

- Dossier : parcours de lecture dans l'œuvre ; groupements de textes (« images du joueur », « la vie de Zweig », « représentations du nazisme »)
- Cahier photos spécial Histoire des arts : la montée du nazisme en Autriche ; représenter la Shoah ; les métaphores du joueur d'échecs

Édition de Fabien Clavel. Texte intégral • 3,70 € • 160 p. • 9782081289703

Questionnement complémentaire : progrès et rêves scientifiques

BORDAGE (Pierre)

NOUVELLE ÉDITION À PARAÎTRE EN AOÛT

Nouvelle Vie™ et autres récits

(La Classe de maître Moda. Jour de noces. Ma main à couper. Nouvelle Vie™. Les Frères du G5)

Les avancées de la science fascinent et inquiètent cet écrivain de science-fiction reconnu qui se demande jusqu'où l'homme pourra aller au nom du progrès. Abordant cette thématique (clonages, société hyperindustrialisée, vente de patrimoine génétique, chasse à l'homme grandeur nature…), les cinq nouvelles de ce recueil font mouche !

• Dossier : parcours de lecture dans les nouvelles ; groupement de textes (« ce que l'homme fait à l'homme ») ; interview de Pierre Bordage
• Cahier photos spécial Histoire des arts : les grands sous-genres et les grands thèmes de la science-fiction, à travers les films de Terry Gilliam, James Cameron, Stanley Kubrick, Neil Blomkamp, David Cronenberg…
Édition de Fabien Clavel. Texte intégral • 3,80 € • 160 p. • 9782081314788

FENWICK (Jean-Noël)
Les Palmes de monsieur Schutz
Édition de Claire Joubaire. Texte intégral • 3,80 € • 160 p. • 9782081249745

LANGELAAN
La Mouche. Temps mort
Une expérience de téléportation qui tourne mal ; un cobaye qui voit son rythme de vie s'accélérer de près de deux cents fois la normale… Le volume réunit deux nouvelles de science-fiction, palpitantes et fascinantes. L'une d'elles – *La Mouche* – à été adaptée à l'écran par David Cronenberg en 1986.
Édition de Frédéric Maget. Texte intégral • 3,60 € • 160 p. • 9782081214446

MATHESON (Richard)
Enfer sur mesure et autres nouvelles
Voir p. 36

RÊVER LE PROGRÈS • NOUVEAUTÉ •
5 nouvelles d'anticipation
(Isaac Asimov, Ray Bradbury, Fabrice Colin, Johan Heliot, H.G. Wells)
Interrogeant le versant sombre du progrès scientifique, les nouvelles réunies donnent à voir des personnages aliénés par la robotisation à outrance de la société, incapable de maîtriser cette vaste fuite en avant collective, aussi dangereuse qu'incontrôlée…
• Dossier : entretien avec Pierre Bordage ; parcours de lecture ; groupements de textes (« la figure du savant depuis le XIXe siècle », « Dénoncer les travers de la société ») ; éducation aux médias et à l'information ; un livre, un film : à la découverte de *Bienvenue à Gattaca*, d'Andrew Niccol
• Cahier photos spécial Histoire des arts
Édition de Fabien Clavel et Isabelle Périer. Texte intégral • 4,50 € • 192 p. • 9782081395756

Autres titres pour le collège

ANOUILH
La Grotte
Dans une maison bourgeoise, la cuisinière a été poignardée. Un commissaire mène l'enquête. Ce pourrait être une comédie policière réussie. Mais, dès le premier acte, l'auteur s'excuse auprès des spectateurs. La pièce n'est pas composée : elle s'écrira devant eux ! Pis, tandis que la représentation progresse, l'auteur refuse de montrer sur scène le destin infâme de ses personnages. Dans ces conditions, le commissaire pourra-t-il élucider le crime et l'auteur achever son œuvre ?
Pièce dans la pièce, *La Grotte* exhibe la machine théâtrale et bafoue l'illusion dramatique.
Édition de Benjamin Girault. Texte intégral • 4,60 € • 196 p. • 9782081379473

Médée

Voici une Médée à la fois antique et moderne. Sous les traits de la mythique magicienne infanticide, Anouilh dépeint une figure d'apatride, un personnage tragique dans lequel s'entrecroisent la vulnérabilité et la révolte.

- Groupements de textes : écrire *Médée*, d'Euripide à Corneille ; les héroïnes antiques dans les pièces d'Anouilh ; mettre en scène Anouilh
- Interview de Marc Paquien, metteur en scène, et d'Ariane Komorn, comédienne et interprète du rôle-titre
- Cahier photos spécial Histoire des arts : représentations picturales et interprétations scéniques de Médée pour aborder la relation entre texte et représentation.

Édition de Grégoire Schmitzberger. Texte intégral • 4,20 € • 128 p. • 9782081249684

ASIMOV

Le Club des Veufs noirs

(Dimanche matin, aux aurores. L'Évidence même. Le Joyau de fer. Le Sourire acquisiteur)

Six personnages qui ne sont ni veufs ni célibataires, mais se réunissent chaque mois hors de toute présence féminine pour dîner, boire et bavarder. Chaque fois, un invité différent se joint au groupe et livre une énigme que le domestique Henry résout brillamment !

Édition de Virginie Fauvin. Texte intégral • 4,40 € • 128 p. • 9782081202849

LA BIOGRAPHIE

(Artaud, Barthes, Bossuet, Chateaubriand, Flaubert, Freud, Le Clézio, Le Goff, Michelet, Pierre Michon, Plutarque, Proust, Renan, Sainte-Beuve, Schwob, Suétone, Valéry, Yourcenar, Zweig)

Édition d'Agnès Lhermitte. Anthologie • 3,80 € • 158 p. • 9782080721556

BOVE

Le Crime d'une nuit. Le Retour de l'enfant

Édition de Mathieu Meyrignac. Texte intégral • 3,60 € • 128 p. • 9782080722010

LE CRIME N'EST JAMAIS PARFAIT

Nouvelles policières I

(Chesterton, Doyle, Leblanc, Steeman)

Édition d'Yveline Beaup. Texte intégral • 3,30 € • 160 p. • 9782081366435

DOYLE

Trois Aventures de Sherlock Holmes

(Un scandale en Bohême. La Ligue des rouquins. Le Ruban moucheté)

Édition de Nathalie Meyniel. Texte intégral • 2,80 € • 160 p. • 9782080722867

HUGO

L'Intervention *suivie de* La Grand'Mère

Ces deux pièces sont issues du recueil *Le Théâtre en liberté.*

• Édition illustrée par les photos des mises en scène de Patrice Chéreau (1964), Erwa Lewinson (1978), Bénédicte Ardiley (1996) et Marion Carroz (2009)

• Dossier : la question de la pauvreté au XIXe siècle ; groupements de textes (« comédie et scène de ménage », « quand Victor Hugo dénonce la misère »)

Édition de Claire Joubaire. Texte intégral • 3,30 € • 160 p. • 9782081249677

LABICHE

Un chapeau de paille d'Italie

Édition de Philippe Labaune. Texte intégral • 3,30 € • 160 p. • 9782081290716

NOIRE SÉRIE

Nouvelles policières 2

(Didier Daeninckx, Chester Himes, Léo Malet, Pierre Siniac, Pierre Véry)

Édition d'Yveline Beaup. Texte intégral • 3,60 € • 128 p. • 9782080722812

PIRANDELLO

Donna Mimma et autres nouvelles

(Donna Mimma. Cédrats de Sicile. Le Cercueil en réserve. Certaines Obligations. Le Bouton du balandran)

Cinq nouvelles empreintes de théâtralité dans lesquelles le comique le dispute au discours social, dans la Sicile en crise du début du XXe siècle.

• Dossier : « De la nouvelle à la pièce de théâtre », « Du naturalisme au vérisme »

Édition de Philippe Labaune. Texte intégral • 3,80 € • 160 p. • 9782080722409

RACINE

Andromaque

Voir p. 71

Britannicus

Voir p. 71

VIVRE AU TEMPS DES ROMAINS

(Catulle, Cicéron, Horace, Juvénal, Ovide, Pétrone, Pline le Jeune, Quintilien, Salluste, Sénèque, Tacite, Térence, Tibulle, Tite-Live)

Édition de Christine Garcia. Anthologie • 4,10 € • 160 p. • 9782081206335

LYCÉE

Récit

BALZAC

Le Bal de Sceaux

Une histoire d'amour contrariée par l'orgueil implacable de ses deux protagonistes. L'un d'eux est l'incarnation superbe du héros romantique.

Édition de Sylvie Jacq-Mioche. Texte intégral • 3,30 € • 128 p. • 9782080722720

Le Chef-d'œuvre inconnu

Édition de François-Xavier Hervouët. Texte intégral • 2,90 € • 96 p. • 9782081208513

Le Colonel Chabert NOUVELLE ÉDITION À PARAÎTRE EN AOÛT

Édition de Nadine Satiat. Texte intégral • 2,80 € • 128 p. • 9782081293915

Ferragus

Édition de François-Xavier Hervouët. Extraits • 3,90 € • 160 p. • 9782081201354

Le Père Goriot

- Dossier : Balzac physiognomoniste ; parcours de lecture dans l'œuvre ; groupements de textes (« l'avenir de Rastignac dans *La Comédie humaine* », « contre Balzac »)
- Cahier photos spécial Histoire des arts : images de Balzac par Nadar, Louis Boulanger et Auguste Rodin ; Paris, « toute la gloire et toute l'infamie de la France » ; Rastignac, un héros romantique ; Vautrin, le démon de l'ambition ; le père Goriot, un « Christ de la paternité »

Édition de Christian Keime. Texte intégral • 3,80 € • 416 p. • 9782081285873

BARBEY D'AUREVILLY

Les Diaboliques

(Le Rideau cramoisi. Le Bonheur dans le crime)

Édition de Thierry Corbeau. Texte intégral • 3,80 € • 192 p. • 9782081213548

BLOTTIÈRE (Alain)

Le Tombeau de Tommy

Le 21 février 1944, vingt-trois résistants furent exécutés par des soldats allemands au Mont-Valérien. Parmi eux, se trouvait une figure méconnue de la lutte contre le nazisme : Thomas Elek, dit Tommy, dix-neuf ans. Près de soixante-dix ans plus tard, un cinéaste lui consacre un film. Exhumant les archives, il enquête sur le parcours de ce jeune juif hongrois…

• Dossier : deux groupements de textes (« l'hommage des poètes aux résistants », « les derniers mots des martyrs »).

Édition de Laure Humeau-Sermage. Texte intégral • 5,50 € • 256 p. • 9782081375444

CARRÈRE (Emmanuel)

La Classe de neige

Voir p. 43

Édition de Fanny Taillandier. Texte intégral • 5,50 € • 192 p. • 9782081347823

CENDRARS

L'Or

« L'or l'a ruiné » ; la merveilleuse histoire du général Johann August Suter, sur fond de conquête de l'Ouest, de ruée vers l'or et de colonialisme forcené.

• Dossier : parcours de lecture dans l'œuvre ; groupements de textes (« les motivations du héros d'aventures », « l'or dans la littérature, de Midas aux *traders*… »)

• Cahier photos spécial Histoire des arts : Cendrars, une vie à bourlinguer ; l'or, une aventure historique ; l'or dans la peinture : symboles et allégories, des peintures de la Renaissance à Warhol et Haring ; la ruée vers l'or et le cinéma

Édition de Laure Humeau-Sermage et Anne Péan. Texte intégral • 5,50 € • 192 p. • 9782081347816

CHATEAUBRIAND

Mémoires d'outre-tombe

Édition de Nicolas Perot. Extraits • 3,30 € • 160 p. • 9782080722843

DUMAS

Pauline

Dumas, auteur, narrateur et personnage, nous raconte ici l'histoire de Pauline de Meulien. Pourquoi cette jeune femme, aussi belle que vertueuse, a-t-elle été enterrée vivante dans le cachot d'une abbaye ? Inspiré du roman noir anglais, ce récit, publié en 1838, porte en germe tous les grands ressorts du *Comte de Monte-Cristo*.

• Dossier : groupements de textes (« un roman gothique », « une œuvre romantique », « Alexandre Dumas, entre éloge et blâme »)

• Cahier photos spécial Histoire des arts : daguerréotypes d'Alexandre Dumas ; le romantisme à travers les tableaux de Caspar David Friedrich ; représentations de l'angoisse par Gustave Courbet et Edvard Munch

Édition de Laure Humeau-Sermage. Texte intégral • 4 € • 224 p. • 9782081279070

FLAUBERT

Madame Bovary

• Dossier : parcours de lecture dans l'œuvre ; groupements de textes (« les incorrigibles lectrices du roman réaliste » ; « regards critiques sur le personnage de madame Bovary »)

Édition d'Anne Princen. Texte intégral • 4,50 € • 480 p. • 9782081295278

Lecture cursive (ÉTONNANTISSIMES) en lien avec ce titre : *Mademoiselle Bovary*, p. 89

Un cœur simple

• Dossier : parcours de lecture dans l'œuvre ; groupements de textes (« *Un cœur simple* dans la correspondance de Flaubert », « portraits de domestiques », « l'homme et la bête »)

• Cahier photos spécial Histoire des arts : la représentation de la servante au XIXe siècle, par Daumier, Cézanne et Degas ; l'artiste au travail ; la Normandie, vue par Courbet et Manet ; les références d'*Un cœur simple* ; *Un cœur simple* au cinéma

Édition d'Anne Huez. Texte intégral • 2,90 € • 128 p. • 9782081289819

Lecture cursive (ÉTONNANTISSIMES) en lien avec ce titre : *Mademoiselle Bovary*, p. 89

HUGO

Claude Gueux

En 1831, Claude Gueux, un voleur multirécidiviste condamné à une lourde peine, tue le directeur des ateliers de sa prison : il est guillotiné. De ce fait divers, Hugo montre le caractère exemplaire, nous livrant une réflexion magistrale sur la peine de mort.

• Dossier : groupements de textes ; l'abolition de la peine de mort en France ; enquête sur le Web ; un livre, un film : à la découverte des *Évadés*, de Frank Darabont

• Cahier photos spécial Histoire des arts

Édition révisée de Flore Delain. Texte intégral • 2,80 € • 128 p. • 9782081385849

Le Dernier Jour d'un condamné

Édition de Catherine Cazaban. Texte intégral • 2,80 € • 192 p. • 9782081314849

Quatrevingt-treize

Édition de Fabrice Fajeau. Extraits • 3,80 € • 256 p. • 9782080722416

KESSEL

L'Équipage

Voir p. 51

Édition d'Emmanuelle Guillou. Texte intégral • 4,90 € • 288 p. • 9782081311442

LAFAYETTE (Mme de)

La Princesse de Clèves

• Dossier : lexique du vocabulaire du XVIIe siècle ; groupement de textes (« de l'honnête homme au courtisan »)

• Cahier photos spécial Histoire des arts : la préciosité dans les salons littéraires parisiens ; les portraits historiques du XVIe siècle ; le jeu des regards dans les épisodes clés du roman ; *La Princesse de Clèves* dans les arts, à travers les adaptations au cinéma de Jean Delannoy (1961) et Christophe Honoré (2008), le documentaire de Régis Sauder (2011) et le tableau de Marie Laurencin

Édition de Marie-Aude de Langenhagen. Texte intégral • 2,90 € • 224 p. • 9782081282117

LEROY (Gilles)

Zola Jackson

Voir p. 52

Édition de Fanny Taillandier. Texte intégral • 5,50 € • 192 p. • 9782081347809

Lecture cursive (ÉTONNANTISSIMES) en lien avec ce titre : *L'Inondation*, p. 91

MAUPASSANT

Bel-Ami

NOUVELLE ÉDITION À PARAÎTRE EN AOÛT

• Dossier : parcours de lecture dans l'œuvre ; groupements de textes (« du réalisme en littérature », « les représentations de la presse au XIXe siècle », « les représentations du masculin et du féminin dans l'œuvre de Maupassant »)

• Cahier photos spécial Histoire des arts : séducteurs en peinture ; le journalisme au XIXe siècle, à travers le tableau de Jean Béraud, *La Salle de rédaction du Journal des débats* (1889) ; les adaptations de *Bel-Ami* au cinéma par Albert Lewin (1947) et par Declan Donnellan et Nick Ormerod (2012)

Édition de Stéphane Gougelmann. Texte intégral • 4 € • 448 p. • 9782081249981

Lecture cursive (ÉTONNANTISSIMES) en lien avec ce titre : *Nantas* suivi de *Madame Neigeon*, p. 92

Pierre et Jean

Les frères Roland, Pierre et Jean, s'aiment mais s'épient… Quand un vieil ami de la famille meurt en laissant sa fortune à Jean, le cadet, la jalousie latente entre les deux frères éclate. La présentation de l'édition examine la modernité de ce récit psychologique sur la rivalité fraternelle.

• Groupements de textes : les manifestes réalistes et naturalistes ; les relations entre frères et entre mères et fils dans le roman des XIXe-XXe siècles

• Cahier photos spécial Histoire des arts : Maupassant, journaliste et romancier ; caricatures d'écrivains réalistes et naturalistes ; réalistes et impressionnistes ; *Pierre et Jean* et la parabole de l'enfant prodigue ; *Pierre et Jean* à l'écran

Édition de Noëlle Benhamou. Texte intégral • 3,40 € • 288 p. • 9782081311428

Toine et autres contes normands

(Histoire d'une fille de ferme. Histoire vraie. Miss Harriet. Le Père Amable. Le Saut du berger. Toine)

Six contes qui mettent en scène la Normandie : scrutant la société de son siècle, Maupassant nous livre un tableau tour à tour émouvant, drôle et frémissant de ses contemporains.

- Dossier : parcours de lecture dans les nouvelles ; groupement de textes (« la fille de ferme ») ; étude de l'adaptation télévisuelle du « Père Amable » et d'« Histoire d'une fille de ferme » (série *Chez Maupassant*, France 2, 2007)
- Cahier photos : clichés de la série *Chez Maupassant*

Édition d'Anne Princen. Texte intégral • 2,70 € • 160 p. • 9782081353152

Une partie de campagne et autres nouvelles au bord de l'eau

(Une partie de campagne. Sur l'eau. Mouche. La Roche aux Guillemots. La Femme de Paul)

Avec Maupassant, les reflets de l'eau font apparaître de troubles vérités et d'inquiétants cadavres… Dans ces nouvelles, la rivière, associant la beauté et la laideur, le sublime et le trivial, incarne l'esthétique réaliste de l'auteur.

- Dossier : parcours de lecture dans les nouvelles ; groupements de textes (« bains de mer et de rivière », « les suicidés de la Seine »)
- Cahier photos spécial Histoire des arts : une quinzaine de tableaux, empruntés à la peinture galante, impressionniste et symboliste, autour des plaisirs de l'eau ; l'adaptation au cinéma d'*Une partie de campagne* par Jean Renoir (1936)

Édition d'Anne Princen. Texte intégral • 2,80 € • 160 p. • 9782081278066

Lecture cursive (ÉTONNANTISSIMES) en lien avec ce titre : *Les Coquillages de monsieur Chabre*, p. 91

Édition en lien avec l'adaptation de Stéphane Brizé

Une vie

- Dossier : parcours de lecture dans l'œuvre ; groupements de textes (« l'ennui, un mal féminin », « misères de la femme en couches », « les amants maudits »)
- Cahier photos spécial Histoire des arts : histoires de couple ; pluie et reliefs de la côte normande ; l'ennui au féminin ; joies de la maternité ; l'adaptation de Stéphane Brizé (2016)

Édition d'Anne Princen. Texte intégral • 3,50 € • 352 p. • 9782081395022

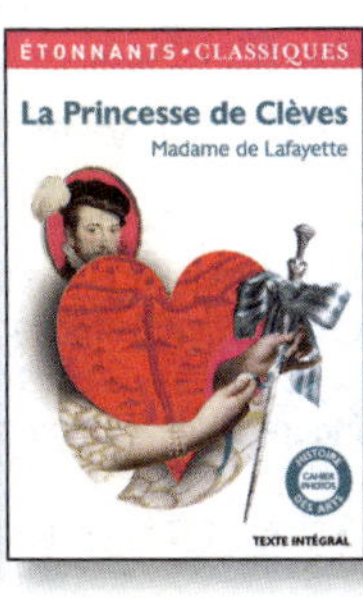

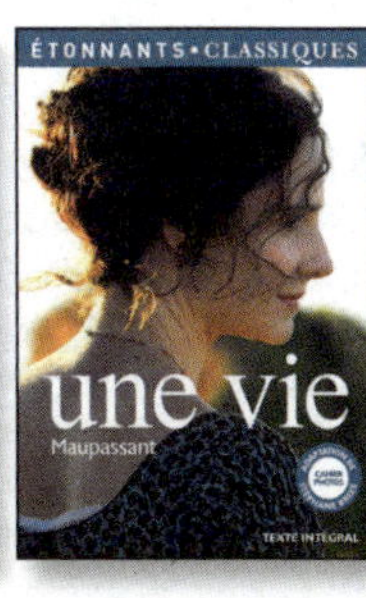

PRÉVOST

Manon Lescaut

• Cahier photos spécial Histoire des arts : le libertinage dans les œuvres de Watteau et de Fragonard ; figures de la courtisane ; amours littéraires et contrariées ; les adaptations de *Manon Lescaut*

Édition d'Hélène Bernard. Texte intégral • 2,80 € • 224 p. • 9782081285866

PROUST

Combray

Édition de Sandrine Costa. Extraits de *Du côté de chez Swann* • 4,70 € • 192 p. • 9782081204812

RADIGUET

Le Diable au corps

Voir p. 42

SALM (Constance de)

Vingt-Quatre Heures d'une femme sensible

Un soir en sortant de l'opéra, une femme entrevoit son amant disparaître avec une autre. La jalousie qui l'étreint alors la conduit, durant vingt-quatre heures, à adresser à cet homme une succession de lettres, miroirs des émotions qui se relaient en son cœur et dans lesquelles elle imagine le meilleur comme le pire. Publié pour la première fois en 1824, ce court récit épistolaire a connu un véritable succès lors de sa réédition en 2007.

• Dossier : parcours de lecture dans l'œuvre ; groupement de textes (« la jalousie amoureuse au féminin ») ; étude de la réception du roman en 1824 et en 2007

• Cahier photos spécial Histoire des arts : la réception d'une lettre et le portrait féminin

Édition de Stéphanie Thonnerieux. Texte intégral • 3,90 € • 160 p. • 9782081219830

Lecture cursive (ÉTONNANTISSIMES) en lien avec ce titre : *Laissez-moi*, p. 90

SCHNITZLER

Mademoiselle Else

Une jeune fille de la bourgeoisie viennoise, en villégiature avec sa tante, apprend par un télégramme de sa mère que son père est ruiné à la suite de malversations financières. La prison ne lui sera épargnée que si la jeune Else obtient de la part du riche marchand d'art Dorsday la somme de 50 000 florins. Ce dernier y consent, mais à la condition qu'elle accepte de se laisser contempler nue…

Édition de Christian Keime. Texte intégral • 3,90 € • 160 p. • 9782081238176

Lecture cursive (ÉTONNANTISSIMES) en lien avec ce titre : *Yvette*, p. 89

STENDHAL

L'Abbesse de Castro

Jules est chef de brigands, et pauvre parmi les pauvres. Hélène appartient à une puissante famille des environs de Rome ; elle a été élevée dans le couvent de Castro. Entre eux se noue une passion aussi absolue qu'impossible. Avec cette chronique italienne, l'auteur – en conteur expert qui s'amuse avec toutes les virtualités du récit – s'empare d'une intrigue captivante et revisite les grands mythes amoureux de la littérature.

Édition de François-Xavier Hervouët. Texte intégral • 3,30 € • 192 p. • 9782081219717

TROIS NOUVELLES NATURALISTES

(Huysmans, Maupassant, Zola)

Le volume contient : *La Retraite de monsieur Bougran, Hautot père et fils, Jacques Damour.*

• Dossier : la structure des nouvelles ; étude des personnages ; parcours de lecture dans les nouvelles ; groupements de textes (« écrits théoriques sur le naturalisme », « les motifs obsédants du naturalisme »)

• Cahier photos spécial Histoire des arts : « Puisque réalisme il y a… » ; « Toute la vie moderne ! » ; « La flaque de boue de sang où allait s'effondrer un monde »

Édition de Stéphane Gougelmann. Texte intégral • 3,30 € • 160 p. • 9782081349360

ZOLA

NOUVELLE ÉDITION À PARAÎTRE EN AOÛT

Comment on meurt

Comment meurt-on sous l'Empire ? Dans cette nouvelle en cinq chapitres, Zola examine ce rite social immuable (agonie, enterrement, héritage) à travers des personnages issus de différentes couches sociales et rappelle avec acuité et ironie que, contrairement à l'adage, nous ne sommes pas tous égaux devant la mort…

• Dossier : parcours de lecture dans l'œuvre ; groupement de textes (« le parcours du personnage »)

• Cahier photos spécial Histoire des arts : Zola photographe ; les représentations de la mort, à travers des documents du XIXe siècle et les tableaux d'Henri Gervex, Paul Langlois, Claude Monet, Paul Cézanne, Vincent Van Gogh…

Édition de Fabien Clavel. Texte intégral • 2,80 € • 128 p. • 9782081294554

Lecture cursive (ÉTONNANTISSIMES) en lien avec ce titre : *Comment on se marie*, p. 91

Jacques Damour

Un ouvrier pris dans la tourmente de la Commune, déporté au bagne de Nouméa, s'évade et retrouve sa femme mariée à un autre… Récit d'une destinée tragique très émouvante par l'un des maîtres du naturalisme.

Édition de Stéphane Gougelmann. Texte intégral • 2,80 € • 128 p. • 9782081238183

Thérèse Raquin

• Édition illustrée par *Le Déjeuner sur l'herbe* et *Olympia* de Manet, ainsi que par les dessins de Castelli

• Dossier : le pré-texte de *Thérèse Raquin*, « Un mariage d'amour » ; la réception du roman ; les adaptations théâtrales de l'œuvre

• Cahier photos spécial Histoire des arts : science et naturalisme ; le réalisme en peinture, à travers les œuvres de Léon Augustin Lhermitte et Gustave Courbet ; la mise en scène de la pièce par Raymond Rouleau (1981) ; l'adaptation au cinéma par Marcel Carné (1953)
Édition de Thierry Corbeau. Texte intégral • 3,30 € • 288 p. • 9782081285828

Poésie

APOLLINAIRE

Alcools

• Groupements de textes : les poètes inspirés par Apollinaire ; désir et inquiétude des temps nouveaux
• Cahier photos spécial Histoire des arts : les fécondes rencontres artistiques d'Apollinaire ; le peintre Delaunay et l'orphisme
Édition de Sylvie Cain-Roullier. Texte intégral • 3,40 € • 256 p. • 9782081311435

BAUDELAIRE

Les Fleurs du mal

Avec aisance et clarté, la présentation éclaire la modernité poétique de Baudelaire.
• Dossier : biographie de Baudelaire ; parcours de lecture dans l'œuvre ; les projets de préface de Baudelaire ; groupement de textes (« la volière poétique du XIXe siècle » – Musset, Prudhomme, Mallarmé)
• Cahier photos spécial Histoire des arts : Charles Baudelaire, un poète maudit ; « Ces fleurs maladives » ; entre spleen et idéal ; Baudelaire ou « le goût précoce des femmes » ; *Les Fleurs du mal* de Baudelaire, spectacle théâtral
Édition d'Anne Princen. Texte intégral • 3,40 € • 290 p. • 9782081336568

Le Spleen de Paris

Petits Poèmes en prose

• Dossier : parcours de lecture dans l'œuvre ; groupements de textes (« des *Fleurs du mal* aux *Petits Poèmes en prose* » ; « poésie de la misère urbaine, de Victor Hugo à Mallarmé »)
• Cahier photos spécial Histoire des arts : les femmes du *Spleen* ; l'homme des foules ; mendiants et bohémiens
Édition d'Anne Princen. Texte intégral • 3,60 € • 192 p. • 9782081375413

DU BELLAY

Les Regrets

L'édition propose le texte des *Regrets* dans sa translation en français moderne.
• Dossier : parcours de lecture dans l'œuvre ; groupements de textes (« l'humanisme et la question des langues », « la poétique de l'exil »)
• Cahier photos spécial Histoire des arts : la mélancolie dans les œuvres de Cranach, Dürer et Mantegna ; représentations du pape Innocent X par Vélasquez et Francis Bacon
Édition de Rémi Poirier. Texte intégral • 4,90 € • 256 p. • 9782081295636

LA FONTAINE
Fables

• Dossier : parcours de lecture dans l'œuvre ; étude de l'art de la fable, ses sources antiques, sa rhétorique spécifique ; groupements de textes (« les animaux et l'homme », « moralistes de l'âge classique »)

Édition de Laurence Rauline. Fables choisies • 3,60 € • 256 p. • 9782081296176

POÉSIE ET LYRISME

(Apollinaire, Aragon, Baudelaire, Du Bellay, Bonnefoy, Charles d'Orléans, Cliff, Corbière, Flaubert, Goffette, Hugo, Labé, Laforgue, Lamartine, Mallarmé, Michaux, Ponge, Réda, Rimbaud, Ronsard, Scève, Senghor, Stéfan, Verlaine, Villon, Virgile)

Édition de Bertrand Darbeau. Anthologie • 3,70 € • 128 p. • 9782081314818

RIMBAUD
Poésies

L'édition contient : le « recueil Demeny », les poèmes de 1871-début 1872, les « vers nouveaux », *Une saison en enfer* et *Illuminations*.

• Dossier : parcours de lecture dans l'œuvre ; groupements de textes (« la poésie et la guerre », « la modernité poétique » – de Lamartine à Breton)

• Cahier photos spécial Histoire des arts : images d'Arthur Rimbaud (photographies, tableaux et dessins) ; les débuts de la modernité en peinture : Gustave Courbet, Claude Monet, André Derain et Georges Braque

Édition de Stéphanie Thonnerieux. Texte intégral • 3,50 € • 288 p. • 9782081289673

RONSARD
Les Amours • NOUVEAUTÉ •

L'édition propose une sélection des poèmes les plus emblématiques de ce célèbre recueil de la Renaissance.

• Dossier : microlectures ; groupement de textes complémentaires ; sujet de Bac

• Cahier photos spécial Histoire des arts

Édition de Rémi Poirier. Texte intégral • 4 € • 160 p. • 9782081313910

VERLAINE

Fêtes galantes, Romances sans paroles précédées de Poèmes saturniens

- Édition illustrée par les œuvres d'Antoine Watteau, Albrecht Dürer, Jacques Callot, Jean-Honoré Fragonard, Claude Monet…
- Dossier : parcours de lecture dans l'œuvre ; Verlaine et l'art poétique ; groupement de textes (« la poésie et les arts » – Baudelaire, Rimbaud, Proust, Mallarmé…)

Édition de François-Xavier Hervouët. Texte intégral • 3,30 € • 224 p. • 9782081303140

Théâtre

ANOUILH

La Grotte

Voir p. 54

Édition de Benjamin Girault. Texte intégral • 4,60 € • 196 p. • 9782081379473

Médée

Voici une Médée à la fois antique et moderne. Sous les traits de la mythique magicienne infanticide, Anouilh dépeint une figure d'apatride, un personnage tragique dans lequel s'entrecroisent la vulnérabilité et la révolte.

- Groupements de textes : écrire *Médée*, d'Euripide à Corneille ; les héroïnes antiques dans les pièces d'Anouilh ; mettre en scène Anouilh
- Interview de Marc Paquien, metteur en scène et d'Ariane Komorn, comédienne et interprète du rôle-titre
- Cahier photos spécial Histoire des arts : représentations picturales et interprétations scéniques de *Médée* pour aborder la relation entre texte et représentation.

Édition de Grégoire Schmitzberger. Texte intégral • 4,20 € • 128 p. • 9782081249684

BEAUMARCHAIS

Le Barbier de Séville • NOUVEAUTÉ •

Premier volet de la trilogie de Beaumarchais qui rendit célèbre le personnage de Figaro, la pièce met en scène une intrigue savoureuse, pleine de rebondissements et de quiproquos.

- Dossier : microlectures ; groupements de textes (« le personnage de Figaro », « valets et serviteurs au théâtre ») ; éducation aux médias et à l'information ; sujet type Bac ; un livre, un film
- Cahier photos spécial Histoire des arts sur l'adaptation de l'œuvre (théâtre, opéra, cinéma)

Édition de Delphine Urban. Texte intégral • 2,90 € • 256 p. • 9782081347847

Le Mariage de Figaro • NOUVELLE ÉDITION •

- Édition illustrée par des photos de mises en scène
- Dossier : parcours de lecture dans l'œuvre ; groupements de textes ; éducation aux médias et à l'information ; un livre, un film
- Cahier photos spécial Histoire des arts

Édition d'Antonia Zagamé, mise à jour par Laure Humeau-Sermage. Texte intégral • 2,80 € • 288 p. • 9782081412149

CARRIÈRE (Jean-Claude)

La Controverse de Valladolid

Quelque soixante ans après la découverte du Nouveau Monde, dans un couvent de Valladolid, un dominicain et un philosophe s'affrontent : les Indiens sont-ils des hommes comme les autres ? L'issue de ce débat passionné, déterminante pour des millions d'hommes, pourrait bien être surprenante…

Édition d'Anne Cassou-Noguès et de Marie-Aude de Langenhagen.

Texte intégral • 4,40 € • 128 p. • 9782081296145

Lecture cursive (ÉTONNANTISSIMES) en lien avec ce titre : *Amerigo*, p. 92, et *Douze Ans dans l'esclavage*, p. 90

CORNEILLE

Médée

Le dossier de cette édition présente le mythe de la sorcière infanticide à travers ses différentes récritures, afin de permettre une initiation au tragique, de l'Antiquité grecque au théâtre contemporain.

• Groupements de textes (« variations autour d'un personnage mythique, d'Euripide à Laurent Gaudé », « la violence au théâtre »)

• Cahier photos spécial Histoire des arts : Corneille, dramaturge de cour ; le personnage de Médée dans le théâtre antique ; représentations picturales de Médée au XIXe siècle ; mises en scène contemporaines ; Médée à l'écran

Édition d'Isabelle Périer. Texte intégral • 3,30 € • 192 p. • 9782081295629

DELBO (Charlotte)

Ceux qui avaient choisi • NOUVEAUTÉ •

Voir p. 49

FEYDEAU

Un fil à la patte

Bois-d'Enghien est dans de beaux draps ! Comment réussir à se séparer de sa maîtresse Lucette, une jolie chanteuse de café-concert, pour épouser la respectable Viviane, jeune et fortunée ? Seule la traversée effrénée d'une course d'obstacles savamment agencée par Feydeau nous donnera la réponse !

• Dossier : parcours de lecture dans l'œuvre ; groupements de textes (« la leçon de chant », « la satire au théâtre à la fin du XIXe siècle ») ; le texte et ses représentations

• Cahier photos spécial Histoire des arts : scènes et décors dans les mises en scène de Jacques Charon (1961), Jérome Deschamps (2010) et Michel Kacenelenbogen (2011), et dans l'adaptation au cinéma de Michel Deville (2005)

Édition d'Élise Chedeville. Texte intégral • 3,90 € • 256 p. • 9782081278578

Lecture cursive (ÉTONNANTISSIMES) en lien avec ce titre : *Mémoire pour un avocat*, p. 90

GIRAUDOUX

Électre

• Dossier : parcours de lecture dans l'œuvre ; groupements de textes (« variations autour du mythe, ou la confrontation mère-fille », « comment mettre en scène *Électre* ? »)

• Cahier photos spécial Histoire des arts : une famille tragique, ou la malédiction du crime ; l'originalité de Giraudoux ; l'espace de la représentation, ou comment figurer le palais d'Argos ; représenter le personnage d'Électre

Édition de Rafaëlle Jolivet-Pignon. Texte intégral • 3,90 € • 224 p. • 9782081347779

La guerre de Troie n'aura pas lieu

• Dossier : parcours de lecture dans l'œuvre ; groupements de textes (« coups de théâtre », « une histoire, une multiplicité de récritures », « la représentation en questions »)

• Cahier photos spécial Histoire des arts : quelles scénographies pour *La guerre de Troie n'aura pas lieu* ? ; les chromos d'Hélène (représentations picturales de la guerre de Troie)

Édition de Delphine Urban. Texte intégral • 3,50 € • 192 p. • 9782081349605

GRUMBERG (Jean-Claude)

L'Atelier • NOUVELLE ÉDITION •

Dans un atelier de confection, de 1945 à 1952, des employés travaillent et, entre rires et larmes, racontent leur vie pendant l'Occupation et dans l'immédiat après-guerre. Des destins différents qui se croisent et soulèvent tous la même question : comment vivre après le traumatisme de la guerre et de la Shoah ?

• Édition illustrée par les photos de la création de la pièce (1979) et de la mise en scène de Gildas Bourdet (1999)

• Dossier : groupements de textes (« les camps de concentration », « se raconter ») ; interview de l'auteur ; éducation aux médias et à l'information ; étude d'une mise en scène

• Cahier photos spécial Histoire des arts

Édition révisée d'Anne Cassou-Noguès et de Marie-Aude de Langenhagen. Texte intégral • 4,90 € • 160 p. • 9782081385702

Zone libre

Fuyant les rafles qui sévissent à Paris en 1942, la famille Zilberberg franchit clandestinement la ligne de démarcation. La voici en zone libre, hébergée dans la grange du père Maury, un brave paysan corrézien.

• Dossier : interview exclusive de l'auteur ; parcours de lecture dans l'œuvre ; groupements de textes (« la scène d'exposition », « la vie sous l'Occupation ») ; l'adaptation cinématographique de Christophe Malavoy (2007)

Édition d'Anne Cassou-Noguès et de Marie-Aude de Langenhagen. Texte intégral • 4,40 € • 160 p. • 9782081207066

HUGO

Le roi s'amuse

Une atmosphère de fête règne à la cour de François Ier. Le roi s'encanaille et rit des railleries de son bouffon Triboulet, qui l'incite à la débauche. Ce que tous ignorent, c'est que Triboulet a une fille, Blanche, un joyau qu'il tient éloigné des frasques de la Cour. Mais la vigilance d'un père ne s'aurait empêcher une malédiction de se réaliser et le roi de convoiter la belle Blanche… Archétype du drame romantique, la pièce a inspiré *Rigoletto* de Verdi. Le dossier de l'édition étudie la mise en scène de Jean-Luc Boutté à la Comédie-Française en 1991 (photos et commentaires des acteurs et du metteur en scène).

Édition de Benjamin Girault. Texte intégral • 3,80 € • 224 p. • 9782080723079

Ruy Blas • NOUVELLE ÉDITION •

Joyau du théâtre hugolien et consécration du drame romantique, *Ruy Blas* est aujourd'hui encore l'une des œuvres les plus jouées du dramaturge.

• Dossier : une analyse guidée des passages clés ; groupement de textes sur la portée politique de la pièce (Corneille, Sartre) ; un livre, un film

• Cahier photos spécial Histoire des arts avec des reproductions de mises en scène, de maquettes de décors, de croquis de costumes

Édition révisée de Thierry Corbeau. Texte intégral • 3,40 € • 256 p. • 9782081412132

MARIVAUX

La Double Inconstance

Réunissant articles de presse, interviews, affiche et extraits de scénario, l'édition offre un panorama des mises en scène les plus fameuses de la pièce et met en regard l'adaptation filmique de Marcel Bluwal (1968) et celle, plus récente, de Carole Giacobbi (avec Elsa Zylberstein et Jean-Hugues Anglade, 2009), dont elle propose un cahier photos.

Édition de Laurence Marie. Texte intégral • 2,90 € • 192 p. • 9782081222960

NOUVELLE ÉDITION À PARAÎTRE EN AOÛT

L'Île des esclaves

• Dossier : Arlequin, personnage de la *commedia dell'arte* ; groupements de textes (« le genre littéraire de l'utopie », « maîtres et valets de l'Ancien Régime ») ; étude de la mise en scène d'Irina Brook (2005)

• Cahier photos spécial Histoire des arts : décors de la pièce ; les Lumières et l'utopie ; la relation maître-valet au théâtre à travers des mises en scène de *Ruy Blas*, *Le Mariage de Figaro*, *Les Fourberies de Scapin* et *Dom Juan*

Édition d'Antonia Zagamé. Texte intégral • 2,80 € • 128 p. • 9782081279087

Le Jeu de l'amour et du hasard

• Dossier : parcours de lecture dans l'œuvre ; groupements de textes (« le discours amoureux », « théâtre et travestissement », « la question du bonheur ») ; du texte à la représentation

• Cahier photos spécial Histoire des arts : Marivaux et son siècle ; une pièce inspirée de la Comédie-Italienne ; l'inversion des rôles maîtres-valets ; les mises en scène contemporaines de la pièce ; *L'Esquive*, d'Abdellatif Kechiche

Édition de Laurence Rauline. Texte intégral • 2,80 € • 160 p. • 9782081249721

MOLIÈRE

Dom Juan

• Dossier : parcours de lecture dans l'œuvre ; la réception, l'interprétation et l'adaptation de la pièce ; groupement de textes (« le thème moral de l'hypocrisie chez Molière »)

• Cahier photos spécial Histoire des arts : *Le Festin de pierre* au Palais-Royal ; Sganarelle dans les gravures du XVIIe siècle ; une « pièce à machines » ; le mythe de Dom Juan dans les arts, à travers les tableaux de Jean-Honoré Fragonard et d'André Masson

Édition d'Anne Princen. Texte intégral • 2,80 € • 160 p. • 9782081279124

➜ Lecture cursive (ÉTONNANTISSIMES) en lien avec ce titre : *Les Âmes du purgatoire*, p. 89

L'École des femmes

• Dossier : parcours de lecture dans l'œuvre ; groupement de textes (« deux précautions valent mieux qu'une ») ; extraits de *L'École des maris* et de *La Critique de l'École des femmes*

• Cahier photos spécial Histoire des arts : personnages, costumes et décors dans les mises en scène de *L'École des Femmes* par Louis Jouvet (1940), Jean-Paul Roussillon (1973), Didier Bezace (2001) et Jacques Lassalle (2011)

Édition de Thierry Corbeau. Texte intégral • 2,80 € • 192 p. • 9782081290709

Le Misanthrope

• Édition illustrée par les photographies des mises en scène de Jean-Pierre Vincent (1984), Antoine Vitez (1988), Jean-Pierre Miquel (2000) et Serge Lipszyc (2003)

• Dossier : biographie de Molière ; parcours de lecture dans l'œuvre ; groupements de textes (« réception critique et aléas de l'interprétation du *Misanthrope* », « mondanité, solitude et misanthropie à travers les siècles », « le thème de la solitude dans l'histoire littéraire » – Pascal, Baudelaire, Huysmans…)

Édition de Anne Princen. Texte intégral • 2,80 € • 192 p. • 9782081316713

Le Tartuffe

• Édition illustrée par les photographies des mises en scène de Louis Jouvet (1950), Roger Planchon (1964), Antoine Vitez (1978), Ariane Mnouchkine (1995), Dominique Pitoiset (1997) et Stéphane Braunschweig (2008)

• Dossier : biographie de Molière ; parcours de lecture dans l'œuvre ; groupements de textes (« la condamnation de l'hypocrisie chez les moralistes du XVIIe siècle », « réception critique et jugement du *Tartuffe* au fil des siècles »)

Édition d'Anne Princen. Texte intégral • 2,80 € • 224 p. • 9782081314825

PIRANDELLO

Six Personnages en quête d'auteur

Sur la scène d'un théâtre, tandis qu'un directeur de troupe et ses comédiens répètent, six individus endeuillés font irruption. Ce sont des personnages, tous membres d'une même famille. Ils sont nés dans l'imagination d'un auteur qui a refusé de leur donner une existence artistique et recherchent celui qui acceptera d'écrire leur drame. Sous le regard fasciné des acteurs devenus spectateurs, ils jouent leur existence. Mise en abyme du théâtre, la pièce analyse les rapports entre le texte et la représentation. La présentation et l'iconographie du volume étudient les mises en scène de Georges Pitoëff (1937) et d'Emmanuel Demarcy-Mota (2001).

Édition de Nadia Ettayeb. Texte intégral • 4,30 € • 160 p. • 9782081331587

RACINE

Andromaque

• Dossier : parcours de lecture dans l'œuvre ; groupements de textes (« des mots qui tuent », « délire, folie et hallucinations », « figures maternelles ») ; les mises en scène d'*Andromaque*

• Cahier photos spécial Histoire des arts : *Andromaque* en décors, maîtres et confidents et figures de la passion dans différentes mises en scène de la pièce

Édition d'Emmanuelle Guillou. Texte intégral • 2,80 € • 192 p. • 9782081295612

Britannicus

Haine fratricide, complots, exercices de domination politique et psychologique : l'histoire romaine cristallise des enjeux de pouvoir qui transcendent les époques et dont *Britannicus* se fait l'écho.

• Dossier : la pièce en 20 questions ; technique et rôle de l'alexandrin ; parcours de lecture dans l'œuvre ; groupements de textes (« la figure royale dans la littérature classique », « mère et enfants : un affrontement dramatique ») ; interview exclusive de Stéphane Braunschweig

Édition de Delphine Urban. Texte intégral • 3,50 € • 192 p. • 9782081380493

Phèdre • NOUVELLE ÉDITION •

• Édition illustrée par les photographies des mises en scène de Jean Vilar (1958), Antoine Vitez (1975), Anne Delbée (1995) et Patrice Chéreau (2003)

• Dossier : biographie de Racine ; parcours de lecture dans l'œuvre ; groupements de textes (« débats contradictoires entre ancienne et nouvelle critique », « les échos de *Phèdre* dans les œuvres de fiction romanesques » – Zola, Proust et Serge Doubrovsky) ; éducation aux médias et à l'information ; un livre, un film

Édition révisée d'Anne Princen. Texte intégral • 2,80 € • 192 p. • 9782081412101

SCÈNES DE LA VIE CONJUGALE

Le couple au théâtre, de Shakespeare à Yasmina Reza

(Albee, Michel Azama, Beaumarchais, Beckett, Brecht, Corneille, Dario Fo, Dumas, Xavier Durringer, Feydeau, Guitry, Hugo, Ibsen, Ionesco, Labiche, Marivaux, Molière, Musset, Harold Pinter, Racine, Shakespeare, Tardieu, Tchekhov, Tenessee Williams, Wilde, Yasmina Reza)

Que seraient Roméo sans sa Juliette, Rodrigue sans sa Chimène, Cyrano sans sa Roxane ? Si la mise en scène du couple n'est pas l'apanage du théâtre, la scène conjugale est, par essence, théâtrale.

Édition d'Anne Cassou-Noguès. Anthologie • 4,40 € • 192 p. • 9782081212688

SHAKESPEARE

Macbeth

Édition d'Anne Cassou-Noguès et de Marie-Aude de Langenhagen.
Texte intégral • 3,80 € • 192 p. • 9782080722898

TCHEKHOV

La Mouette

L'édition confronte les mises en scène d'Antoine Vitez (1984), d'Alain Françon (1995), de Stéphane Braunschweig (2001) et de Jacques Delcuvellerie (2005), et revient sur l'adaptation de la pièce au cinéma par Claude Miller dans *La Petite Lili* (2003).

Édition d'Anne Cassou-Noguès et de Marie-Aude de Langenagen. Texte intégral • 3,60 € • 160 p. • 9782080722379

Argumentation

L'ART D'ÊTRE HEUREUX • NOUVEAUTÉ •

(Mme du Châtelet, Voltaire, Saint-Lambert)

Comment être heureux et se satisfaire de plaisirs simples ? À travers des formes argumentatives variées, trois grandes plumes du XVIIIe siècle interrogent les contradictions du cœur humain, tiraillé entre raison et passions, et témoignent avec brio des grands débats qui agitent leur époque… mais aussi la nôtre.

- Dossier : microlectures ; groupements de textes (« le bonheur à travers les époques », « quand les femmes dénoncent leur condition ») ; sujets de débat et exercices d'écriture ; éducation aux médias et à l'information ; un livre, un film : à la découverte d'*Alexandre le Bienheureux*, d'Yves Robert
- Cahier photos spécial Histoire des arts (l'utopie champêtre, représentations modernes du bonheur, dénoncer la condition de la femme dans les arts)

Édition de Johanna Pernot. Texte intégral • 3,20 € • 160 p. • 9782081313903

CARRIÈRE (Jean-Claude)

La Controverse de Valladolid

Voir p. 67

« C'EST À CE PRIX QUE VOUS MANGEZ DU SUCRE… »

Les discours sur l'esclavage, d'Aristote à Césaire

(Aristote, Beecher-Stowe, Canot, Césaire, Condorcet, Figuier, Glissant, Abbé Grégoire, Hugo, Koestler, La Boétie, Marivaux, Mérimée, Montesquieu, Abbé Raynal, Rousseau, Schoelcher, Sénèque, Voltaire)

Une anthologie qui retrace le long combat entre partisans et adversaires de l'esclavage.

Édition de Patrice Kleff. Anthologie • 4,10 € • 192 p. • 9782081357747

Lecture cursive (ÉTONNANTISSIMES) en lien avec ce titre : *Douze Ans dans l'esclavage*, p. 90

DE L'ÉDUCATION

Apprendre et transmettre de Rabelais à Pennac

(Beauvoir, Chateaubriand, Condorcet, Ferry, Flaubert, Hugo, La Bruyère, Montaigne, Péguy, Pennac, Prévert, Rabelais, Rousseau, Sarraute, Sorel, Vallès)

Qu'enseigner et comment ? Les avis changent à chaque époque. Voici une anthologie qui retrace l'évolution de l'enseignement de Charlemagne à nos jours et apporte à cette question les réponses et arguments des grands noms de la littérature française. De quoi engager le débat avec les élèves.

Édition de Nathalie Marinier. Anthologie • 3,60 € • 128 p. • 9782080722553

DE L'UN À L'AUTRE

Les discours sur l'altérité, de Montaigne à Grand Corps Malade

(D'Alembert, d'Aubigné, Barbey d'Aurevilly, Beaumarchais, Beauvoir, Annie Ernaux, Tahar Ben Jelloun, Pierre Bourdieu, Buzzati, Jean-Claude Carrière, Chateaubriand, Cocteau, Diderot, Freud, Jean-Claude Grumberg, Guitry, Kant, Laclos, Lévi-Strauss, Marivaux, Molière, Montaigne, Montesquieu, Ovide, Yasmina Reza, Spinoza, Steinbeck, Todorov, Voltaire, Yourcenar, Zola…)

Invitation à penser notre rapport à l'autre, cette anthologie s'articule autour des chapitres suivants : pour une critique de l'altérité raciale ; l'altérité culturelle, entre peur et fascination ; le conflit des générations ; l'altérité religieuse et l'éloge de la tolérance ; les altérités sociales ; les nouveaux visages de l'altérité sexuelle ; l'altérité comme miroir de soi.

- Dossier : parcours de lecture dans l'œuvre ; synthèse sur les formes et les genres de l'argumentation ; groupement de textes (« moi et les autres ») ; la discrimination au regard des textes de lois
- Cahier photos spécial Histoire des arts : l'expression du rapport à l'autre dans les arts, de la Renaissance au XXe siècle

Édition de Mathilde Schuhmacher. Anthologie • 4,90 € • 192 p. • 9782081347854

DES FEMMES

(D'Aubigné, Barbey d'Aurevilly, Barthes, Baudelaire, Beauvoir, Breton, Brisac, Colette, Olympe de Gouges, Greer, Héloïse, Hugo, Labé, La Bruyère, Laclos, Lafayette, Marie de France, Maupassant, Michelet, Molière, Nerval, Proust, Rousseau, Sand, Sapho, Sévigné, Woolf, Yourcenar)

Ce que la littérature dit des femmes, c'est ce que les hommes en disent, puisque ce sont eux qui ont majoritairement écrit au cours des siècles. Quelles représentations en ont-ils données ?
Et lorsque les femmes se sont exprimées, qu'ont-elles dit d'elles-mêmes ? Comment ont-elles répondu aux discours phallocrates ? Sont-elles aujourd'hui devenues les égales des hommes ? À travers les époques, leur statut n'a cessé d'être écrit, analysé et discuté… Pour approfondir le sujet : des encarts sur la femme fatale au cinéma, les féminismes et l'évolution du statut juridique des femmes en France.

Édition de Cédric Érard et Garance Kutukdjian. Anthologie • 4,10 € • 164 p. • 9782080722171

DIDEROT

Entretien d'un père avec ses enfants

ou du danger de se mettre au-dessus des lois

Mêlant conte et dialogue, ce court texte permet d'analyser les modalités de l'argumentation et s'intéresse aux combats des Lumières contre l'injustice.

Édition de Laurence Rauline. Texte intégral • 2,80 € • 128 p. • 9782081342729

Jacques le Fataliste

Édition de Jean-Philippe Marty. Texte intégral • 3,80 € • 384 p. • 9782081205062

Supplément au Voyage de Bougainville

Édition de Dominique Lanni. Texte intégral • 3,30 € • 128 p. • 9782080723000

LA BRUYÈRE

Les Caractères

Édition de Jean-Philippe Marty. Extraits • 4,10 € • 192 p. • 9782081303133

LIBERTÉ CHÉRIE

40 auteurs défendent la liberté d'expression

(Beaumarchais, Bourdieu, Brecht, François Cavanna, Sorj Chalandon, Charb, Condorcet, Desproges, Diderot, Épictète, Fontenelle, Molière, Montesquieu, Marjane Satrapi, Spinoza, Voltaire)

Le 7 janvier 2015, deux hommes ouvrent le feu sur les journalistes de *Charlie Hebdo* : ils les accusent d'avoir insulté Mahomet en publiant des caricatures du Prophète en 2006. La liberté d'expression, pourtant gravée dans le marbre de la loi, apparaît plus que jamais fragile. Une urgence : comprendre ce qu'est ce droit, en quoi il est fondamental, et tenter d'appréhender ses contours. Quelles sont les conséquences concrètes de la liberté d'expression ? Par qui et pourquoi est-elle réprimée ? Quelles sont ses limites juridiques ? Peut-on rire de tout ? Recourant à diverses modalités argumentatives, les textes de cette anthologie dont autant de supports pour apprendre à penser ces questions essentielles.

Édition de Patrice Soulier. Anthologie • 4,90 € • 192 p. • 9782081376298

MONTAIGNE
Essais

L'ouvrage propose une édition par extraits et bilingue (texte original et translation en français moderne) des *Essais*. Elle montre une réflexion toujours en mouvement, qui se nourrit de l'autoportrait pour déboucher sur la définition de « l'humaine nature ».

Édition de Christian Keime. Extraits • 3,90 € • 288 p. • 9782081289697

PASCAL
Pensées

Édition de Jean-Philippe Marty. Extraits • 4,50 € • 192 p. • 9782081210264

LA PEINE DE MORT

De Voltaire à Badinter

(Badinter, Barrès, Beccaria, Briand, Hugo, Jaurès, Lamartine, Lemire, Mauriac, Montesquieu, Voltaire)

Un recueil de textes qui retrace le long combat entre partisans et adversaires de la peine de mort. Dans le dossier : un état des lieux de la peine de mort dans le monde et plus spécifiquement aux États-Unis.

Édition de Sandrine Costa. Anthologie • 3,30 € • 128 p. • 9782081207509

TROIS CONTES PHILOSOPHIQUES

NOUVELLE ÉDITION À PARAÎTRE EN AOÛT

(Diderot, Saint-Lambert, Voltaire)

Le volume réunit trois contes du XVIIIe siècle : *Madame de La Carlière, Ziméo, Histoire des voyages de Scarmentado.*

Édition de Dominique Lanni. Texte intégral • 3,30 € • 160 p. • 9782081285835

VOLTAIRE
Candide

NOUVELLE ÉDITION À PARAÎTRE EN AOÛT

• Dossier : parcours de lecture dans l'œuvre ; la version initiale du chapitre XXII ; définitions de l'optimisme ; groupements de textes (« la bibliothèque de *Candide* » – panorama des différents genres littéraires dont s'inspire le conte)

• Cahier photos spécial Histoire des arts : Voltaire et le siècle des Lumières ; Heureux qui, comme Candide, a fait un beau voyage ; la postérité de Candide dans les arts ; immortaliser le Grand Homme

Édition de Jean-Philippe Marty. Texte intégral • 2,80 € • 194 p. • 9782081349353

Lecture cursive (ÉTONNANTISSIMES) en lien avec ce titre : *Tout va pour le mieux !*, p. 90

L'Ingénu

Édition de Dominique Lanni. Texte intégral • 2,90 € • 158 p. • 9782081342705

Traité sur la tolérance

Œuvre majeure des Lumières, ce texte n'en finit pas de proclamer un message d'une tragique actualité : l'intolérance n'a aucun fondement.

• Dossier : groupements de textes (« autour de l'Affaire Calas », « les Lumières et la Tolérance », « le *Traité* après l'Affaire »)

• Cahier photos spécial Histoire des arts : la tolérance dans les arts

Édition de Mathilde Schuhmacher. Extraits • 3 € • 160 p. • 9782081375420

Zadig

• Dossier : groupements de textes (« les Lumières et l'Orient », « échos intertextuels de *Zadig* »)

• Cahier photos spécial Histoire des arts : Babylone ; l'orientalisme, à travers les œuvres de Bruegel l'Ancien, Rembrandt, Géricault et Delacroix

Édition de Charlotte Maurisson. Texte intégral • 2,80 € • 160 p. • 9782081299801

Récriture

BROUILLONS D'ÉCRIVAINS

Du manuscrit à l'œuvre

(Brassens, Céline, Desnos, Flaubert, Hugo, Perec, Ponge, Proust, Zola)

En exhumant carnets, brouillons, manuscrits et autres ébauches d'écrivains, l'anthologie nous introduit dans leurs ateliers. Nous observons leurs difficultés, assistons à l'émergence de leur originalité, parfois à leurs coups de génie… C'est tout le mystère de la création artistique qui s'offre à nous…

Édition de Francine Goujon. Anthologie • 4,10 € • 142 p. • 9782080722829

Autres titres pour le lycée

BAROQUE ET CLASSICISME

(Boileau, Bossuet, Corneille, Furetière, La Bruyère, Lafayette, La Fontaine, Molière, Pascal, Racine, Retz, Rotrou, Saint-Simon, Scarron, Scudéry, Sévigné, Sorel, Sponde)

Édition de Rudy Le Menthéour. Anthologie • 4,50 € • 130 p. • 9782081212190

GARCIN (Christian)

Vies volées

En seize « vies », Christian Garcin (né à Marseille en 1959), auteur de poèmes, de romans, de nouvelles et d'essais, déroule la vie d'inconnus et d'écrivains, mêle les légendes populaires et les récits historiques, entreprend une réflexion sur les pouvoirs de la poésie et met au jour les pulsions de vie et de mort qui habitent l'humanité et le poète. Autant de contes intrigants qui procurent un vrai plaisir de lecture.

Édition de Richard Blin. Texte intégral • 5 € • 160 p. • 9782081203440

L'HUMANISME ET LA RENAISSANCE

(D'Aubigné, Du Bellay, Castiglione, Érasme, La Boétie, Jean de Léry, Machiavel, Marguerite de Navarre, Marot, Montaigne, Thomas More, Pétrarque, Rabelais, Ronsard, Scève, Virgile)

Édition de Caroline Trotot. Anthologie • 4,40 € • 160 p. • 9782081214934

JAMES

Le Tour d'écrou

Lors d'une veillée de Noël, un homme lit une histoire étrange, celle d'une vieille gouvernante chargée, dans des circonstances un peu mystérieuses, de la garde de deux enfants persécutés par les esprits damnés d'un vieux domestique et d'une préceptrice… Le dossier de l'édition confronte l'œuvre à ses adaptations : à l'opéra – *The Turn of the Screw*, de Benjamin Britten (1959) – et au cinéma – *Les Innocents*, de Jack Clayton (1962), et *Les Autres*, d'Alejandro Amenàbar (2001).

Édition de Mathieu Meyrignac. Texte intégral • 3,60 € • 160 p. • 9782080722362

LES LUMIÈRES

(Beaumarchais, Bernardin de Saint-Pierre, Condorcet, Diderot, Dumarsais, Fénelon, Fontenelle, Kant, Laclos, Mendelssohn, Montesquieu, Rolland, Rousseau, Sade, Voltaire)

Indissociables du XVIIIe siècle tout au long duquel elles se sont développées, les Lumières recouvrent un vaste courant intellectuel et philosophique qui, dans l'Europe entière, diffuse la croyance dans le progrès de l'esprit humain et de la civilisation. En France, le mouvement ouvre la voie à la Révolution.

Édition de Bertrand Darbeau. Anthologie • 3,80 € • 128 p. • 9782081205550

LE PORTRAIT

(Balzac, Barthes, Baudelaire, Beckett, Bossuet, Chateaubriand, Corneille, Diderot, Dumarsais, Duras, Flaubert, Gautier, Hugo, La Bruyère, Laclos, Lafayette, Leiris, Marot, Molière, Montaigne, Proust, Retz, Rousseau, Saint-Simon, Sarraute, Sartre, Scève, Stendhal, Voltaire)

Une beauté fait son entrée à la Cour. Ses traits réguliers, la blancheur de son teint et ses cheveux blonds la parent d'un éclat qui attire tous les regards… Telle est la princesse de Clèves au début du roman de Mme de Lafayette. Il est petit, maigre, effilé, porte une perruque et ressemble à une fouine. L'avarice et la débauche sont ses dieux, la perfidie et la flatterie ses moyens… Voici l'abbé Dubois, l'ennemi de Saint-Simon, dans les *Mémoires* que celui-ci consigne.
Du portrait à l'autoportrait : une anthologie qui s'offre à l'étude de l'éloge et du blâme, et à celle du genre biographique.

Édition d'Hélène Bernard. Anthologie • 3,60 € • 164 p. • 9782080722058

RÉALISME ET NATURALISME

(Balzac, Champfleury, Duranty, Flaubert, Goncourt, Huysmans, Maupassant, Stendhal, Zola)

En réaction contre le romantisme, nombre d'artistes et d'écrivains sont portés par un même souci du vrai. Ce sont les réalistes, qui s'attachent à peindre le réel sous tous ses aspects, en se gardant bien de l'idéaliser. Leur combat esthétique est aussi un combat politique et social, souvent mené en faveur des plus défavorisés et contre la morale des bien-pensants…

Édition d'Éléonore Roy-Reverzy. Anthologie • 4,40 € • 128 p. • 9782081215238

LE ROMANTISME

(Balzac, Aloysius Bertrand, Chateaubriand, Constant, Goethe, Hugo, Lamartine, Musset, Nerval, Rousseau, Staël, Stendhal)

En rupture avec la rationalité des Lumières, le romantisme exprime le sentiment nouveau chez les artistes d'une humanité inquiète. C'est par le biais d'une quête intérieure qui pose le moi au centre de tout que la sensibilité romantique tente désormais de déchiffrer le monde.

Édition de Sylvain Fort. Anthologie • 3,80 € • 96 p. • 9782081214880

ROUSSEAU

Les Confessions

Le volume réunit les grands épisodes qui composent *Les Confessions* (la fessée, le peigne cassé, la rencontre avec Mme de Warens, le ruban volé…).

Édition de Jean-Philippe Marty. Extraits • 3,80 € • 224 p. • 9782080722386

SÉVIGNÉ (Mme de)

Lettres

Édition d'Hélène Bernard. Choix de lettres • 3,80 € • 160 p. • 9782080722904

LE SURRÉALISME

(Aragon, Artaud, Breton, Crevel, Desnos, Éluard, Leiris, Péret, Soupault, Tzara)

Ils ont vingt ans à la fin de la Première Guerre mondiale, pensent que l'art ne peut se contenter de reproduire la réalité, qu'il doit faire émerger le rêve, le merveilleux, l'inattendu… Pour cela, ils créent le surréalisme, un mouvement littéraire qui insuffle au XXe siècle une liberté poétique hors du commun.

Édition de Mélanie Leroy-Terquem. Anthologie • 3,80 € • 128 p. • 9782080722690

LYCÉE PRO

Toutes les éditions proposées pour le lycée professionnel font l'objet de fiches pédagogiques spécifiques, différentes de celles conçues pour l'enseignement général, rédigées par et pour des professeurs de lycée professionnel.

2nde

■ Construction de l'information

KAPUŚCIŃSKI

Autoportrait d'un reporter

Historien, journaliste et grand reporter polonais (1932-2007), Ryszard Kapuściński a été correspondant permanent en Afrique, en Amérique latine et en Asie pour l'Agence de presse de son pays. Il a ainsi couvert des dizaines de guerres et de révolutions. Il revient ici sur son parcours – le métier de reporter, ses contraintes, son éthique, sa mission – et constate les dérives des médias aujourd'hui. Un témoignage qui est aussi une réflexion passionnante sur le rôle de l'information.

Édition de Patrice Kleff. Extraits • 3,60 € • 96 p. • 9782081240032

■ Des goûts et des couleurs, discutons-en

CORNEILLE

Le Cid • NOUVELLE ÉDITION •

Voir p. 32

HIGGINS (Colin) et CARRIÈRE (Jean-Claude)

Harold et Maude

Voir p. 32

■ Parcours de personnages

DUMAS

Pauline

Voir p. 58

ZOLA

Jacques Damour

Voir p. 63

1re

■ Du côté de l'imaginaire

BUZZATI

Nouvelles étranges et inquiétantes • NOUVELLE ÉDITION •

Voir p. 33

CARROLL
Alice au pays des merveilles
Voir p. 25

RÉCITS POUR AUJOURD'HUI
17 fables et apologues contemporains
Voir p. 45

Les philosophes des Lumières et le combat contre l'injustice

DIDEROT
Entretien d'un père avec ses enfants
ou du danger de se mettre au-dessus des lois
Voir p. 74

VOLTAIRE
Candide

NOUVELLE ÉDITION
À PARAÎTRE EN AOÛT

Voir p. 75

L'homme face aux avancées scientifiques et techniques

BORDAGE (Pierre)
Nouvelle Vie™ et autres récits

NOUVELLE ÉDITION
À PARAÎTRE EN AOÛT

Voir p. 53

SHELLEY
Frankenstein
Voir p. 39

T[ale]

Identité et diversité

CARRIÈRE (Jean-Claude)
La Controverse de Valladolid
Voir p. 67

L'homme et son rapport au monde

CHEDID (Andrée)
Le Sixième Jour
Voir p. 48

WESTLAKE (Donald)
Le Couperet
Voir p. 46

BTS

Ne figurent dans ces pages, pour les 2ndes années de BTS, que les éditions correspondant aux thèmes formulés par les programmes officiels pour l'année 2016-2017.

CULTURE GÉNÉRALE ET EXPRESSION

NOUVELLE ÉDITION À PARAÎTRE LE 23 AOÛT

Le manuel pour les 1res années, au format et au prix poche

Pour guider l'acquisition d'une culture générale, la nouvelle édition propose neuf chapitres portant sur de grandes questions de société : travail, médias, liens sociaux, relations entre générations, liberté d'expression, voyage et mondialisation, égalité hommes-femmes, enjeux environnementaux, représentations des banlieues.

- Plus de 100 documents textuels et iconographiques : essais, articles, récits, chansons, photographies, peintures, dessins, affiches, graphiques
- Une lecture d'image par chapitre
- Fiches méthodologiques pour mieux construire son travail et s'exprimer à l'écrit et à l'oral
- Entraînements à toutes les épreuves du BTS

Édition d'Élise Chedeville. Anthologie • 6,90 € • 288 p. • 9782081289772

L'EXTRAORDINAIRE • NOUVEAUTÉ •

(Anouilh, Baudelaire, Bourdieu, Breton, Calvino, Michel de Certeau, Régis Debray, Freud, Gogol, Kafka, Molière, Perec, Poe, Ponge, Prévert, Proust, Sévigné, Sylvain Tesson, Tite-Live, Verne, Vinaver)

L'anthologie réunit une cinquantaine de supports textuels et iconographiques variés, permettant d'explorer les grandes problématiques du sujet – de la force que constitue l'extraordinaire (du pouvoir de révélation qu'il possède pour l'individu, du rôle de moteur qu'il joue pour la société) à la difficulté qu'on peut avoir à l'appréhender, en passant par les manières dont il se manifeste (du surgissement spontané à la création) et les travers qui lui sont associés (surenchère, impossible dépassement).

- Encarts culturels
- Fiches méthodologiques, sujets d'exposés et entraînements aux épreuves d'examen

Édition d'Élise Chedeville et Grégoire Schmitzberger. Anthologie • 4,50 € • 192 p. • 9782081375505

9 HISTOIRES EXTRAORDINAIRES • NOUVEAUTÉ •

(Buzzati, Calvino, Daeninckx, Vincent Delecroix, Philippe Delerm, Le Clézio, Matheson, Sylvain Tesson)

Un recueil de nouvelles des XXe et XXIe siècles en lien avec « L'extraordinaire », le thème au programme en 2017-2018, qui réunit des grands noms de la littérature contemporaine et propose des textes courts et faciles d'accès, proches de l'univers et des préoccupations des élèves.

Présentation par Élise Chedeville. Texte intégral • 4,50 € • 96 p. • 9782081375499

CORPS NATUREL, CORPS ARTIFICIEL • NOUVEAUTÉ •

À PARAÎTRE LE 23 AOÛT

(Didier Daeninckx, Philip K. Dick, Anna Gavalda, R.C. Matheson, Irène Némirovsky, Éric-Emmanuel Schmitt, Michel Tournier)

L'anthologie réunit une cinquantaine de supports textuels et iconographiques variés, permettant d'explorer les grandes problématiques du sujet – du corps comme source d'expérience, associé tantôt au plaisir tantôt à la douleur, au corps discipliné, modelé, voire « augmenté ». À une époque de progrès scientifiques vertigineux où « la machine » fait désormais partie intégrante de nos vies, la question de l'humain et de ses limites est posée.

- Encarts culturels
- Fiches méthodologiques, sujets d'exposés et entraînements aux épreuves d'examen

Édition d'Élise Chedeville et Grégoire Schmitzberger. Anthologie • 4,50 € • 192 p. • 9782081375529

COLLÈGE

LES AVENTURES DE TILL L'ESPIÈGLE

Apprendre à parler à un âne, faire passer de l'eau pour du vin, s'envoler d'un balcon, jouer les médecins réputés… en somme, abuser de la crédulité de son entourage, Till adore ça ! Très connu dans le monde germanique et flamand, ce personnage facétieux a plus d'un tour dans son sac. Au point qu'il fait figure de digne héritier de Renart, le héros du *Roman de Renart*. Comme le goupil, Till n'a peur de rien et n'hésite pas à braver les plus hautes autorités pour se livrer à son loisir favori – embêter le monde.

- Sélection des vingt-six épisodes les plus fameux de l'histoire
- Cahier photos permettant aux élèves de se familiariser avec la vie au Moyen Âge (l'école, l'apprentissage, la fonction du jongleur, les cibles de la satire, les sorcières et la justice)

Édition de Christian Keime. 3,90 € • 96 p. • 9782081272118

Lecture proposée après l'étude du *Roman de Renart*, p. 21

BARJAVEL (René)

Lancelot ou les Enchantements du graal

À la cour d'Arthur, le jour de Pâques, un jeune homme portant des armes argentées se rend auprès du roi et demande à être adoubé. Son nom ? Il ne le connaît pas. Orphelin élevé par Merlin et la Dame du Lac, il ne répond qu'au sobriquet de Lancelot…

D'une bravoure et d'une pureté sans égales, l'adolescent semble bien être celui que tout le royaume d'Arthur attendait : le chevalier parfait qui conquerra le graal. Mais, dès le premier regard, Lancelot est saisi pour la reine Guenièvre d'un amour puissant, réciproque – et interdit. Le désir fera-t-il échouer le jeune homme dans sa quête ?

Cette édition reprend le texte de *L'Enchanteur*, l'un des derniers romans de Barjavel, publié en 1984, en s'attachant au cycle de Lancelot. Dans une langue simple et avec une sensibilité contemporaine, l'écrivain revisite la légende arthurienne.

Édition de Louise Roullier. 4,90 € • 288 p. • 9782081289802

Lecture proposée après l'étude des récits de Chrétien de Troyes, p. 27, de *Tristan et Iseut* et du *Roman de Merlin*, p. 28

CINQ HISTOIRES D'AMOUR ET DE CHEVALERIE

LECTURE RECOMMANDÉE PAR L'ÉDUCATION NATIONALE

(Bisclavret. Lanval. Éliduc. Frêne. Le Chèvrefeuille)

Dans le pays de Bretagne plein de mystères, certains chevaliers disparaissent la nuit ; on dit qu'ils se transforment en loups-garous… D'autres, dans le secret d'épaisses forêts, font la connaissance de jeunes femmes plus belles encore que l'épouse du roi Arthur…

D'autres encore, à leur grand désespoir, sont condamnés à choisir entre la fidélité qui les lie à leur seigneur et l'amour qu'ils portent à leur dame…

Cinq courts récits librement adaptés des *Lais* de Marie de France.

- Dossier-jeu permettant aux élèves de s'approprier de manière ludique les codes de la chevalerie et de l'amour courtois

Édition d'Isabelle Périer. 3,90 € • 96 p. • 9782081250024

➦ Lecture proposée après l'étude des récits de Chrétien de Troyes, p. 27, et de *Tristan et Iseut*, p. 28

CLAVEL (Fabien)

La Dernière Odyssée

Alors que les ruines de Troie fument encore, le prince Niréus n'aspire qu'à une chose : regagner Symé, sa terre natale, et y couler des jours paisibles. Pressé de fuir la guerre et l'image obsédante des cadavres qu'il laisse derrière lui, il lève l'ancre pour rejoindre les îles grecques au plus vite. Mais le destin semble en avoir décidé autrement : son parcours est semé d'embûches. Le héros doit bientôt affronter les Amazones, combattre les Gorgones et libérer son royaume de l'hydre monstrueuse qui le dévaste. Les dieux finiront-ils par lui être favorables ? Parviendra-t-il à échapper au mystérieux chasseur noir qui le poursuit de sa haine ?

Un roman palpitant qui éclaire d'un jour nouveau la guerre de Troie et ses protagonistes.

- Dossier-jeu invitant les élèves à prolonger l'aventure et vérifier leur connaissance de la mythologie

Édition de Sarah Gabillet. 4,90 € • 288 p. • 9782081249974

➦ Lecture proposée après l'étude de *L'Odyssée*, p. 14, et des *Textes fondateurs*, p. 18

COLIN (Fabrice)

Personne ne te sauvera

À dix-sept ans, Manon apprend qu'elle a un anévrisme et qu'il risque de se rompre à tout moment, entraînant sa mort. Désemparée, elle fugue et s'envole pour Las Vegas. Dans la ville du jeu et du rêve, elle rencontre Dorian, un jeune homme qui se produit dans un *one man show* intitulé « Une vie de vampire ». Rapidement convaincue que Dorian appartient véritablement à la famille des buveurs de sang, et fascinée par ce personnage qu'elle soupçonne d'être doté de la vie éternelle, elle décide de le suivre… Au terme de ses aventures, une réponse à sa quête métaphysique.

- Atelier d'écriture dirigé par l'auteur dans le dossier de l'édition

4,50 € • 160 p. • 9782081249967

➦ Lecture proposée après l'étude de *Dracula*, p. 39, et des *Contes de vampires*, p. 34

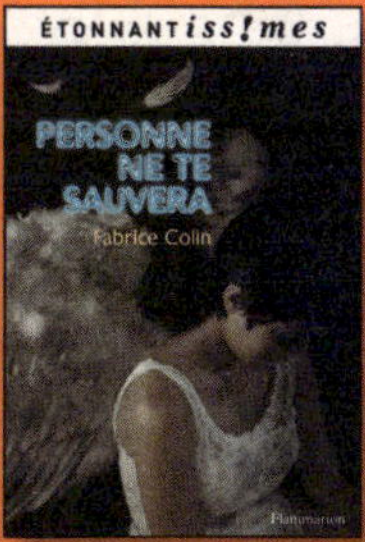

GABORIAU

Le Petit Vieux des Batignolles

À Paris, dans le quartier des Batignolles, on découvre un petit vieux assassiné chez lui. Des lettres tracées dans son sang désignent le meurtrier. Mais Méchinet en a vu d'autres ! Assisté de Godeuil, un jeune étudiant en médecine, le policier émet quelques réserves sur cette culpabilité toute trouvée… Commence alors une palpitante enquête pour réfuter l'évidence : indice après indice, la vérité se fait jour, tandis que le suspect s'obstine à revendiquer le crime.

• Cahier photos tiré de l'adaptation télévisuelle du *Petit Vieux des Batignolles* par Claude Chabrol (2009)

Édition de Fabien Clavel. 3,90 € • 128 p. • 9782081277922

Lecture proposée après l'étude de *L'Aiguille creuse*, p. 16

GRUMBERG (Jean-Claude)

Marie des grenouilles

Le roi se meurt sans héritier et laisse le royaume à la merci de l'ennemi qui approche. Il est urgent de trouver un dauphin… C'est la mission qui revient à Marie des grenouilles, la souillonne du château. Elle jette son dévolu sur un doux batracien, qu'elle libère de sa verte apparence. Mais le nouveau prince, Brillant, parviendra-t-il à apaiser la colère des peuples ennemis ?

L'auteur, Jean-Claude Grumberg, revisite les contes traditionnels pour en proposer une version théâtralisée pleine d'humour.

• Dossier-jeu sous forme de parcours initiatique

Édition d'Hélène Monnot. 4,90 € • 96 p. • 9782081250048

Lecture proposée après l'étude des *Contes* de Perrault et de Grimm, p. 15 et p. 26

Le Petit Chaperon Uf

En se rendant chez sa mère-grand, le petit chaperon rouge se fait arrêter par un loup-caporal, qui lui demande ses papiers. La marque U sur sa carte d'identité révèle qu'elle est Uf ; elle doit donc se plier à des restrictions et à des interdictions, inscrites dans le code. Le loup lui confisque tout, beurre, galette, monnaie, et même son capuchon rouge : les Ufs doivent en porter des jaunes… Une relecture du célèbre conte, par le prisme de l'Histoire.

• Dossier : carnet de mise en scène ; la Shoah racontée aux adolescents

Édition d'Hélène Monnot et de Marie-Luce Raillard. Texte intégral • 4,90 € • 96 p. • 9782081289796

Lecture proposée après l'étude des *Contes* de Perrault et de Grimm, p. 15 et p. 26, et des *Quatre Courtes Pièces pour une initiation au théâtre*, p. 21

Œuvre recommandée par la *Nouvelle Revue pédagogique* collège.

LECTURE RECOMMANDÉE PAR L'ÉDUCATION NATIONALE

LONDON (Jack)

Mission de confiance et autres aventures du Grand Nord

(L'Amour de la vie. Bâtard. Ce sacré Spot. Mission de confiance)

Fred Churchill regarde tranquillement s'éloigner le bateau pour Seattle où s'est embarqué son ami Louis Bondell, quand il voit le navire s'arrêter et entend le capitaine lui crier : « Va chez Macdonald… dans son coffre… un petit sac… appartenant à Louis Bondell… c'est important ! Rapporte-le quand tu rentreras ! » Et sans jamais lâcher ce sac, Churchill entame la remontée du fleuve Yukon…

Ces quatre nouvelles de Jack London ont pour cadre la ruée vers l'or du Klondike, et pour héros des aventuriers intrépides, des chercheurs d'or cruels et des chiens de traîneau (trop) fidèles. Tous affrontent une nature implacable dans des terres qui échappent aux lois de la civilisation.

- Cahier photos sur l'univers du Grand Nord américain et la ruée vers l'or

Édition de Patrice Kleff. 3,40 € • 128 p. • 9782081289765

Lecture proposée après l'étude de *L'Appel de la forêt*, p. 22

MALZIEU (Mathias)

La Mécanique du cœur

Lors de l'hiver le plus froid du monde, le petit Jack naît avec le cœur gelé. En urgence, le Docteur Madeleine remplace l'organe glacé avec une horloge. Aussi Jack ne doit-il jamais, jamais tomber amoureux, « car alors pour toujours à l'horloge de [son] cœur la grande aiguille des heures transpercer[ait] [sa] peau » ! Mais le garçon ne peut résister à la vue d'une « flamme à lunettes », miss Acacia. Il la suivra jusqu'en Andalousie… Sous la plume poétique de Mathias Malzieu se dessine un univers fantasque, bizarre, baroque, où la quête amoureuse se change en découverte de l'âge adulte.

- Cahier photos : du roman à son adaptation cinématographique (2014)

Édition d'Hélène Monnot et Marie-Luce Raillard. Texte intégral • 4,90 € • 160 p. • 9782081313859

Lecture proposée après l'étude du *Grand Meaulnes*, p. 41, du *Roman d'un enfant*, p. 42, de *Poil de Carotte* et de *L'Enfant*, p. 43

MANDEL (Oscar)

La Reine de Patagonie et son caniche

Un pigeon fou qui se prend pour un paon, une souris qui dialogue avec un bulldozer, une mite qui se déguise en dragon… dans les fables d'Oscar Mandel, le bestiaire est fantaisiste, et la morale souvent inattendue !

Les vingt-quatre textes réunis dans cette édition sont extraits du recueil paru avec le même titre aux Éditions de L'Herne en 2007. Oscar Mandel y revisite les *Fables* de La Fontaine avec sa sensibilité contemporaine, nous invitant à porter un regard critique sur notre société et ses travers, et signant une réflexion toute personnelle sur le bonheur et la sagesse.

Édition de Marie-Luce Raillard. 3,90 € • 128 p. • 9782081289741

Lecture proposée après l'étude du *Corbeau et le Renard et autres fables*, p. 20 ; des *Contes* de Perrault et de Grimm, p. 15 et p. 26

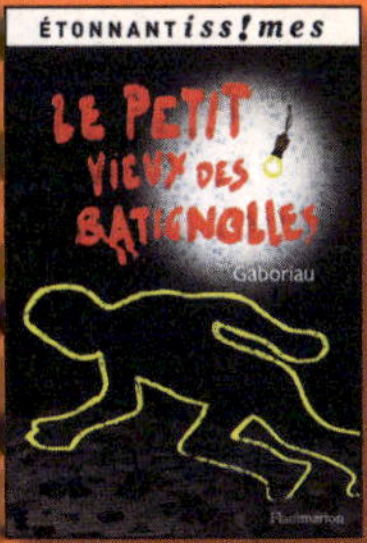

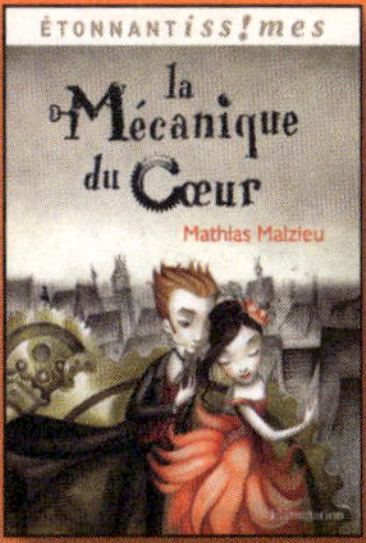

CÉSAR DU MEILLEUR FILM D'ANIMATION ET DE LA MEILLEURE ADAPTATION

PARIS (Gilles)

Autobiographie d'une courgette

« Depuis tout petit, je veux tuer le ciel. » Ainsi commence l'histoire d'Icare, garçon naïf surnommé Courgette, qui, âgé de neuf ans, vit seul avec sa mère. Depuis un accident qui a paralysé l'une de ses jambes, cette dernière passe ses journées devant la télévision, une bière à la main. Un jour, Courgette découvre un revolver et tue accidentellement celle qui l'a mis au monde. Un saut au commissariat et l'enfant est placé dans le foyer d'accueil des Fontaines, près de Fontainebleau. Le grand bâtiment n'a pas vocation à enfermer des sales gosses mais plutôt à protéger des enfants traumatisés qui se serrent les coudes.

Un récit sur l'enfance aussi drôle que poignant derrière lequel se dissimule une réflexion sur la délinquance et la misère sociale.

• Dossier-jeu permettant de tester sa lecture

Édition de Marie-Luce Raillard. 4,90 € • 288 p. • 9782081390706

➦ Lecture proposée après l'étude des *Misérables*, p. 36, du *Papa de Simon et autres nouvelles*, p. 37

QUINT (Michel)

Le Comédien malgré lui

À vingt ans, Ingrid se mure mystérieusement dans le silence… au grand dam de sa mère, qui décide d'embaucher un comédien professionnel pour lui faire recouvrer la parole. À la suite d'un quiproquo, Baptiste Février, jardinier paysagiste, est chargé par la riche châtelaine de faire advenir le miracle qui sauvera sa fille. Mais passer des légumes à l'art dramatique se révèle périlleux ! Quiproquos, intrigues amoureuses et travestissement… Michel Quint revisite avec talent tous les ingrédients du *Médecin malgré lui* de Molière, dans un récit à la fois drôle et sensible.

4,90 € • 128 p. • 9782081250000

➦ Lecture proposée après l'étude du *Médecin malgré lui*, p. 20

ZOLA

L'Inondation

En 1875, la Garonne connaît une crue historique et ravage la région de Toulouse. Jusque-là à la tête d'une famille heureuse et d'une ferme prospère, Louis Roubieu, un homme de soixante-dix ans, voit son univers édénique disparaître en une nuit. Il rapporte avec effroi l'ampleur de la catastrophe.

Édition de Fanny Taillandier. Texte intégral • 3,30 € • 96 p. • 9782081313880

➦ Lecture proposée après l'étude de *Zola Jackson*, p. 52

LYCÉE

JEAN (Raymond)

Mademoiselle Bovary

Berthe, la fille de Mme Bovary, est devenue ouvrière dans une filature normande. Orpheline et misérable, elle se voit remettre le jour de ses vingt ans *Madame Bovary* de Gustave Flaubert par Napoléon Homais, le fils du pharmacien du célèbre roman. Bouleversée par la lecture de l'histoire de ses parents et de sa propre enfance, elle se rend chez l'écrivain, à Croisset, afin de lui adresser directement ses reproches…

• Dossier : les formes de la récriture et le procès de *Madame Bovary*

Édition de Delphine Urban. Texte intégral • 4,30 € • 96 p. • 9782081313873

Lecture proposée après l'étude de *Madame Bovary* et d'*Un cœur simple*, p. 59

Œuvre recommandée par la *Nouvelle Revue pédagogique* lycée.

MAUPASSANT

Yvette

C'est l'histoire d'une jeune fille dont la vie est vraiment formidable : dix-huit ans, très belle, pleine d'esprit ; sa mère est marquise ; elle habite à Paris, dans les beaux quartiers, et la journée se passe à traîner au lit, à dévorer le dernier roman à la mode, puis à choisir devant le miroir une toilette pour le soir. Mais une menace pèse sur ce bonheur trop parfait. La jeune femme prend soudainement conscience que sa mère n'a de marquise que le nom. Mme Obardi est en réalité une prostituée ! Le désarroi de la jeune femme est immense : une fille de courtisane peut-elle mener une vie maritale honorable ? peut-elle échapper à son milieu, qui lui dicte de se livrer elle aussi au proxénétisme mondain ? Parue en feuilleton dans *Le Figaro* en 1884, cette nouvelle, l'une des plus longues de Maupassant, est un texte magistral sur la crudité des rapports humains.

Édition d'Anne Princen. 4 € • 192 p. • 9782081249929

Lecture proposée après l'étude de *Mademoiselle Else*, p. 62

MÉRIMÉE

Les Âmes du purgatoire

Don Juan est-il le séducteur impénitent qu'on croit ? Dans sa nouvelle, Mérimée contrevient à la version la plus célèbre du « mythe » (qui s'achève par le châtiment du « grand seigneur méchant homme ») et imagine la rédemption de Don Juan !

Satire de la religion, jeu sur les conventions du roman de cape et d'épée, mélange coloré de vice et de vertu, ce récit plein de fantaisie renoue avec le genre de la comédie héroïque.

Édition d'Anne Princen. 2,90 € • 128 p. • 9782081250017

Lecture proposée après l'étude de *Dom Juan*, p. 70

MIRBEAU

Mémoire pour un avocat

(Mémoire pour un avocat. Clotilde et moi. Le Pont. Veuve)

Une belle villa au bord de la mer… les retrouvailles entre Clotilde et son amant promettent d'être délicieuses ! Pourtant, au fil des jours, la jeune femme se révèle de moins en moins tendre avec son compagnon. Les héroïnes de ce recueil sont à son image : séduisantes, mystérieuses, tour à tour sombres ou futiles. Chez Mirbeau, la vie de couple ressemble ainsi à une mécanique bien réglée qui soudain se grippe et révèle la fragilité d'un bonheur construit par deux êtres que tout sépare… Les quatre nouvelles de ce volume invitent à redécouvrir l'œuvre d'un écrivain souvent méconnu et pourtant salué par les plus grands (Tolstoï, Apollinaire, Zola).

• Cahier photos brossant des « scènes de la vie de couple »

Édition d'Élise Chedeville. 3,20 € • 96 p. • 9782081281066

➚ **Lecture proposée après l'étude d'*Un fil à la patte*, p. 67**

MONNIER (Alain)

Tout va pour le mieux !

Débordant de certitudes et bardé de diplômes, Benjamin sort d'une école de commerce avec tout pour réussir sa vie. Sauf que les lois du marketing ne servent à rien quand il s'agit de séduire Astrid, la fille la plus convoitée du campus. Tout se complique encore pour lui quand, du jour au lendemain, ses parents lui coupent les vivres ! Avec l'aide de son coach Adam Thims, il se lance à la recherche d'un emploi et découvre bien vite la dure réalité du monde… Si seulement il n'était pas aussi naïf ! Dans ce roman, Alain Monnier a transposé les aventures du Candide de Voltaire à notre époque. Le résultat : une description au vitriol de la société contemporaine, doublée d'un récit d'apprentissage désopilant.

4,90 € • 192 p. • 9782081272125

➚ **Lecture proposée après l'étude de *Candide*, p. 75**

NORTHUP (Solomon)

Douze Ans dans l'esclavage

Solomon Northup est né libre. Dans l'État de New York où l'esclavage n'a pas cours, cet artisan et violoniste noir mène une vie paisible. Jusqu'à ce jour de 1841 où deux artistes le persuadent de les accompagner à Washington pour se produire dans leur spectacle… Le lendemain, il se réveille dépouillé de ses papiers, enchaîné et enfermé au fond d'une négrerie. Il comprend avec stupéfaction qu'on l'a kidnappé pour le revendre comme esclave…

Le récit qui a inspiré le film aux trois oscars de Steve McQueen (*12 Years a Slave*), en 2013.

Édition d'Anne Princen. Texte intégral • 5 € • 350 p. • 9782081313866

➚ Lecture proposée après l'étude de *« C'est à ce prix que vous mangez du sucre… »* (*Les Discours sur l'esclavage d'Aristote à Césaire*), p. 73, et de *La Controverse de Valladodid*, p. 67

SAUVAGEOT (Marcelle)

Laissez-moi

Dans le sanatorium où elle soigne sa tuberculose, une jeune femme reçoit une lettre de celui qu'elle aime : il la quitte pour se marier avec une autre. La nouvelle est aussi brutale qu'inattendue. Plusieurs semaines durant, l'héroïne revient sur son amour perdu. Prenant peu à peu conscience des illusions sur lesquelles il se fondait, elle parvient à accepter la rupture et à la dépasser. Mais pourra-t-elle également guérir de la maladie qui la ronge ?

Par sa justesse et sa sincérité, ce court texte, salué de toutes parts à sa parution en 1933, et lors de sa réédition en 2004, possède une résonance universelle.

Édition de Stéphanie Thonnerieux. 3,90 € • 72 p. • 9782081249950

Lecture proposée après l'étude de *Vingt-Quatre Heures d'une femme sensible*, p. 62

ZOLA

Comment on se marie

En observateur avisé, Zola croque avec humour la manière dont hommes et femmes s'unissent à son époque : de l'aristocratie au petit peuple, en passant par la haute bourgeoisie et les boutiquiers, comment, et surtout pourquoi, se marie-t-on sous le second Empire ? Pour acquérir un nom ? une fortune ? une protection ? Et l'amour dans tout ça ?

Si le mariage est « une affaire grave », « qu'il ne faut pas conclure à la légère », rien n'empêche d'en rire avec Zola.

- Cahier photos consacré au cycle pictural de Hogarth, *Le Mariage à la mode*
- Dossier sur le mariage dans l'œuvre de Zola

Édition de Fabien Clavel. 2,90 € • 96 p. • 9782081249936

Lecture proposée après l'étude de *Comment on meurt*, p. 63

Les Coquillages de monsieur Chabre *suivis de* Naïs Micoulin

Monsieur Chabre veut être père, coûte que coûte ! Voilà déjà quatre ans qu'il est marié à la jeune Estelle, et ils n'ont toujours pas d'enfant. Heureusement, il lui reste un espoir… Le docteur lui a conseillé un régime miraculeux : qu'il mange des coquillages, et la fertilité viendra ! Pour suivre cette ordonnance à la lettre, il entraîne sa femme en Bretagne. Pendant que le bourgeois se bâfre de crustacés, Estelle trompe son ennui par des baignades quotidiennes. Elle croise bientôt le chemin d'Hector, un nageur très séduisant…

- Cahier photos consacré aux plaisirs de l'eau

Édition d'Anne Princen. 2,90 € • 128 p. • 9782081279940

Lecture proposée après l'étude d'*Une partie de campagne et autres nouvelles au bord de l'eau*, p. 61

L'Inondation

En 1875, la Garonne connaît une crue historique et ravage la région de Toulouse. Jusque-là à la tête d'une famille heureuse et d'une ferme prospère, Louis Roubieu, un homme de soixante-dix ans, voit son univers édénique disparaître en une nuit. Il rapporte avec effroi l'ampleur de la catastrophe.

Édition de Fanny Taillandier. Texte intégral • 3,30 € • 96 p. • 9782081313880

Lecture proposée après l'étude de *Zola Jackson*, p. 52

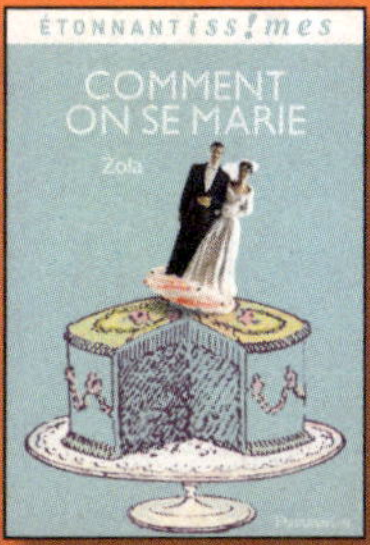

Nantas *suivi de* Madame Neigeon

Sans emploi, sans nom et sans fortune, Nantas est au bord du suicide ; lui qui se sent fait pour de grandes choses dépérit dans la misère. Une entremetteuse lui propose un pacte : qu'il épouse Flavie Danvilliers, mise enceinte par un séducteur, et qu'il reconnaisse l'enfant illégitime qu'elle porte – la fortune de cette fille de baron sera à lui ! Le marché est conclu, à une condition toutefois : que l'union ne soit jamais consommée. Nantas accepte. Mais alors qu'il entame sa marche vers les plus hautes sphères du pouvoir, le pacte se fait de plus en plus pesant…
• Cahier photos consacré au pouvoir et à la finance sous le second Empire

Édition d'Anne Princen. 3,30 € • 96 p. • 9782081289789

Lecture proposée après l'étude de *Bel-Ami*, p. 60

ZWEIG

Amerigo

Stefan Zweig enquête sur une erreur historique : pourquoi, alors que le navigateur italien Amerigo Vespucci (1454-1512) n'a pas découvert l'Amérique, a-t-on utilisé son prénom pour baptiser cette partie du monde ? Par quel enchevêtrement de circonstances, de hasards et de malentendus a-t-on attribué pendant plusieurs siècles les mérites de Christophe Colomb à un autre ? Zweig livre le récit fascinant du destin d'un homme qui conquit l'immortalité presque malgré lui.
• Cahier photos consacré aux Grandes Découvertes

Édition d'Élisabeth Landes. 4,20 € • 128 p. • 9782081289734

Lecture proposée après l'étude de *La Controverse de Valladolid*, p. 67

NDEX
ES TITRES

D

E

F

G

INDEX DES AUTEURS

ISBN : 9782081412514
Imprimé en Espagne par Novoprint (Barcelone)